教会増殖

日本という土壌に福音を満たす

Multiplying Churches
in Japanese Soil

ジョン・メイン［著］
松平善宏［訳］ 津倉茂［監訳］

いのちのことば社

Originally published
Multiplying Churches in Japanese Soil

William Carey Library
2017

目次

序章

本書は日本の新しい教会に関する本です。なぜ多くの新しい教会が必要なのでしょうか？なぜ日本には多くの教会がまだ存在していないのでしょうか？　神の栄光のために日本の土壌で教会を開拓するときに、私たちはどのように協力することができるでしょうか？

質問

教会に関してであれ、宣教に関してであれ、日本におけるキリストの福音の状況を語るときに、いつも同じ質問を耳にします。なぜ日本にはクリスチャンが非常に少なく、教会も非常に小さいのですか？　日本の教会は成長していますか？　他の国々と比べて、なぜ日本はキリストへの応答がほとんど見られないのでしょうか？　特に第二次世界大戦後から非常に多くの宣教師を受け入れてきた日本は、世界で最も宣教可能な宣教地の一つでありながら、このような質問が常に出てきます。そしてこのような質問は、日本人の間で大宣教命令が成就することに重荷を持って日本で奉仕する者たちの心と、日本が宣教師を動員して送り出す国になることを切に願っている者たちの心に、いつも鳴り響いています。

現状

日本におけるキリスト教の発展の厳しい現実を目の当たりにするときに、これらの質問は非常に重要なものになります。日本は人口一億二七〇〇万を有する世界で十番目の人口大国ですが、日本のクリスチャン人口はごくわずかで、一％にも満ちません。日本人は世界でも第二番目に最も福音が伝えられていない民族グループであり、真に大きな必要があります(Joshua Project 2019)。

日本は世界で称賛され、手本とされています。わずか百五十年前、日本は中世の封建制から近代的で世界で認められるような国に生まれ変わりました。さらに最近になると、日本はアジアでも主要な産業大国で先導的な国家に成長し、世界経済において三番目に大きな国になりました。今日の日本人は、教養があり、教育を受け、高度な技能を有し、勤勉で、生産力があります。日本の社会も安定しており、比較的犯罪率も低く、技術的に進んでおり、最先端を行き、近代的です。日本の経済や政治、科学技術、ポップカルチャー、観光事業などは常に世界の話題になっています。二〇一一年の地震、津波、福島原発の事故を含むトリプル災害の後には、日本は世界中から異例の注目を集めました。

歴史を見ると、日本が国として成長しているのがわかりますが、日本人の間での福音の前進においては同様の成長は見られていません。国全体でおよそ八〇〇〇ばかりの教会がありますが、今日多くの都市や街には教会の存在が欠けています。

しかし、クリスチャンの犠牲と忍耐を示す驚くべき日本のキリスト教の歴史はあまり知られていません。一五四九年にフランシスコ・ザビエルなどのカトリックの宣教師たちによって日本に最初に伝えられたすぐ後、[1]キリスト教は信者数が三〇万人以上にまで急成長しました。[2]これは現在のキリスト教人口の割合をはるかに超えています（Mullins 2006：116）。キリスト教が驚異的に受け入れられたこの時期は「キリスト教の世紀」と呼ばれています。その後、様々な要因が重なり、日本の政府はいくつかの法令を用いてキリスト教を完全に禁止しました。日本人の信者たちは歴史的に最も組織的な迫害とクリスチャンの排除によって苦しめられました（Earhart 2014, 168）。クリスチャンたちは、隠れキリシタン（潜伏キリシタン）と呼ばれた非常に小さなグループを除いて、日本から根絶されました。この後、日本はおよそ二百五十年にわたり、外の世界から完全に遮断され、孤立することになります。

一八五四年に、日本は西洋諸国の圧力により鎖国を撤廃させられ、キリスト教が日本に戻ってきました。カトリックの宣教の働きも戻り、また初めてプロテスタントの宣教師たちが来日しました。一八七三年にキリシタン禁制が解かれると、クリスチャンの数が激増します（Mullins 2006：117）。しかし一八九〇年に国民の生活に天皇に対する忠誠を説く「教育勅語」が発令されると、教会の成長はほとんど停止してしまいます。第二次世界大戦までの数十年間、国家神道（神社神道）が日本国家の核として強制され、教会は公然の弾圧によって厳しい制圧を受ける時代を耐え忍ぶことになります。戦後の日本の憲法が政教分離を約束すると、この信教の自由の下にキリスト教は再び成長を見ることになります。このように日本の教会は政府による制限と教会成長を抑制する迫害に耐え忍んできました。この時期の日本の教会の模範的な忍耐は、世界中の教会の手本となっています。

非常に小さい規模でありながらも、日本社会にキリスト教が与えた影響は並外れたものになっています。「キリスト教の世紀」と明治時代に始められた諸々の教育機関と、歴史的に重要な指導者たちによって、その影響は拡大していきました。今日でもキリスト教教育は、幼稚園から小学校、中学校、高校、そして日本の一流大学の数多くを含み広がっています。他にも、医学、労働組合、社会改革運動や政治などにも影響を与えています（Mullins 2006：120）。日本では、聖書、文学、出版、メディア関連、神学校、聖書学校などの重要なキリスト教関連のリソースの恩恵を受けることができます。相対的にみると、日本の国民一人当たりの海外で奉仕する宣教師の率は高くなっています。経済的、教育的、技術的な強みを持つ日本は世界宣教で大きなインパクトを与える可能性が非常に高く、日本人は他の国の人々が行けないような所に行くこともできます。

しかし、日本は国としては模範的に発展してきましたが、日本人は福音に応答しない人々の典型のようなものになっています。伝道、教会開拓、キリスト教会の開拓と増殖に対して、文化的、歴史的、社会的、そして霊的な多くの手ごわいチャレンジが与えられているのが日本の現状です。

任　務

神は日本と世界に対する宣教使命を与えておられます。三位一体の聖書の神は宣教の神であり、神の目的は、福音未伝のあらゆる国民、部族、民族から神を礼拝する者たちをご自分のもとに引き寄せることです。この約束の成就はヨハネの黙示録に記録されています。「その後、私は見た。すると見よ。すべての国民、部族、民族、言語から、だれも数えきれないほどの大勢の群衆が御座の前と子羊の前に立ち、白い衣を身にまとい、手になつめ椰子の枝を持っていた。彼らは大声で叫んだ。『救いは、御座に着いておられる私たちの神と、子羊にある。』」（黙示録7章9～10節、参照5章9～10節）。この場面に日本人が含まれていることは疑いがありません。

この神の宣教の目的は聖書全体に記録されています。イエスも復活の後に、弟子たちにこの世界的な任務について繰り返し指示を与えています。弟子たちに与えた大宣教命令は「あらゆる国の人々を弟子としなさい」（マタイ28章19節）という明らかな命令でした。教会が神の宣教の中核であるので、伝道と弟子を増殖する手段は教会を通して達成されます（Peters 1981, 20）。キリストは「わたしの教会を建てます。よみの門もそれに打ち勝つことはできません」（マタイ16章18節）と約束されました。キリストは神の宣教の使命を成就するためにご自分の教会を建てました。それゆえに、教会は神の宣教の性質を所有しているのです。教会の宣教に関する理解を新たにし、神の宣教の働きを実践的に実行に移すために、この教会の宣教の性質が日本においてさらに深く吟味される必要があります。

「神の御国の共同体としての教会は、この時代において神の宣教の働き（ミッシオ・デイ）の最大の結実であると同時に、主要な手段でもあるのです」（Ott and Strauss 2010, vii）。神の宣教の第一の目的は教会であるので、新しい教会を開拓することは神の宣教を成就するために欠かせません。「教会開拓が神の救いの目的と大宣教命令の成就のために絶対不可欠なものであることは聖書の記録を見れば間違いがないことがわかります」（Ott & Wilson 2011, 20）[3]。新しい教会の増殖は、使徒の働きの中でそのパターンが見られ、新しい教会を開拓し、増殖し、また教会の設立を促進した使徒パウロによって顕著に実践されています（O'Brien 1995; Stetzer 2012）。さらに、世界中の宣教の進展を見れば、新しい教会を設立することが、どのような民族グループに対してでも、伝道し、弟子訓練をする際に、最善の方法であることがわかります。このことはまた、日本の教会の成長が起きていた時代においても同様な証拠が残されています。様々な状況において、神に送られた人々が福音を宣べ伝えると、信仰を持って福音に応答した人々は現地で自立した神の御国の共同体を形成していきました。そしてそれらの教会は、同様に収穫の宣教へとさらに多くの者たちを送り出していったのです。

あらゆる民族において「現地の人々によって自立した、力強い教会開拓ムーブメントを起こすことが、宣教における不可欠な任務です」（Winter and Koch 1999, 517）。クリスチャンが人口の一％にも満たない日本人は、教会を開拓し成長させるためにいまだに宣教支援活動が必要な福音未伝の民族グループであるといえます。実践的な観点から見ると、八〇〇〇の教会と一〇〇万人の信徒が日本のあらゆる地域に自分たちの力だけで効果的に福音を宣べ伝えていくのには不十分であると言えるからです。日本はさらに多くの教会が必要で、特に教会未設置地域に教会が必要とされています。国中に福音を浸透させる信徒たちの新しい共同体を増殖させることによってのみ、あらゆる共同体に教会の宣教的な本質を表すという戦略的任務を達成することができるのです。

神の宣教（ミッシオ・デイ）に携わるという特権によって動機付けられ、神が宣教においてなされた受肉的な方法によって様式化され、この宣教の目的が神の御国の実現であるというビジョンによって活性化されている教会開拓への取り組みが必要とされている（Murray 2001, 52–53）[4]。

現地の人々による、神によって贖われた共同体（教会）が福音を日本の隅から隅まで浸透させるまで、聖書的な宣教の任務は完成しません。このようなダイナミックで、成長し続け、宣教のために信徒を送り出す共同体が、言葉と行いによって神の御国の福音を宣べ伝え、個人と社会において変革をもたらすことによって、宣教を成し遂げることができるのです。さらに、この神の聖書的なビジョンは、福音を日本に届けるだけではなく、神の栄光のために世界のあらゆる国々に福音が届けられるビジョンを実現するものでもあるのです。

与えられた機会

このような現状、日本が直面する手ごわいチャレンジの最中においても、日本人の間で新しい教会を増殖させる大きな可能性が存在しています。日本は非常に難しい文化的背景を持ってはいますが、最前線から前途有望な報告がなされ、新しい希望がもたらされています。

最近の現地調査で報告された傾向は、教会増殖への大きな可能性を示しています。この本で紹介するような過去数十年の日本文化に働きかける刷新的な宣教が、実を結び始めていることによって、多くの者たちが励ましを受けています。

神が生きて働いておられ、希望をもたらしてくださるので、日本の教会が存在しているという事実は、機会もまた存在していることを示しています。神は日本においてご自分の教会を維持されてきました。教会はこれまで耐え続け、さらなる教会開拓のための現地における土台となっています。教会を建てる（第一コリント3章10～15節）ために、多くの年月にわたり、多くの一致団結した「同胞たち」、すなわち献身的な牧師たち、宣教師たち、教会信徒らによって、日本の土壌が耕され、水がまかれ、雑草が取り除かれ、肥料がまかれ続けてきました。そして神は日本の教会に成長をもたらしてきました（第一コリント3章5～9節）。数十万人の日本のクリスチャンたちが、忍耐を持って待ち望み、期待を持って祈り続け、神によって突破口が開かれることを願い信じ続けています。

ある人たちは、現在、教会増殖が起こる大きな可能性があると信じています。様々な日本の社会の変化はキリスト教への応答に影響を与えてきました。「キリスト教の世紀」、明治時代のキリスト教回復、そして第二次世界大戦後に見られたような社会変化とよく似ている重要な社会変化を最近の日本が体験しています。一九八九年のバブル経済崩壊後、経済や雇用に変化をもたらし、大人の生活を支配してきた会社制度に衰退をもたらした「失われた十年」と呼ばれる度重なる不況の期間を、日本は味わいました。社会制度や、結婚、そして日本全般などの変化が不満や不安をもたらしました（Matsumoto 2002, 28）。九〇年代を乗り越えてきた若者たちは「失われた世代」と呼ばれており（Zielenziger 2006）、うつ病、社会的引きこもり、現実逃避、機会の欠如を特徴とするこの者たちは、文化的伝統とは異なる価値観を抱いています。一九九五年に日本を襲った阪神大震災は教会や社会に変化を与えました。一九九五年にはまた新宗教オウム真理教による神経ガス攻撃が様々な形で社会に疑問を与えて揺さぶり、日本人の宗教に対する抵抗、特にオウム真理教のようなパーリア（のけ者）組織として見られる宗教組織に対する抵抗感を強めました（Earhart 2013, 235）。日本の神道や仏教などの組織的宗教の支配力も、都会化と産業化の結果による家族構成の流動化と変化によって、徐々に減少していきました。しかし霊的チャレンジは日本の新宗教や、変わらずに信仰され実践されている民間信仰により、いまだ存在しています。

このような変わりつつある環境の中で、二〇一一年に日本を襲った東日本大震災に対して、日本の諸教会は深い思いやりと奉仕の働きによって立派に応対しました。神はこの震災を用いて特に新しい世代の宣教の働きのリーダーたちを起こしてくださいました（Hari 2017 : 57–58）。個々の教会と教団教派の間に存在した壁は取り除かれ、さらなる一致と協力が生まれました。教会と地域の間にあった壁も取り除かれました。教会は活発に活動し、日本人に希望を分かち合い、また希望を行動で示してきました。多くが今のような素晴らしい時はこれまでになかったと言っています。伝道と教会開拓への取り組みによって、東北地方のいくつかの県では教会数の増加率が三〇〇%となっています。

世界中の人々が、日本が霊的に失われていることを感じ、神の憐れみと霊的な現状打開を祈り求め続けています。第二次世界大戦時の侵略により歴史的に日本との緊張関係がいまだ存在しているような国々、すなわち韓国、中国、シンガポール、フィリピンなどの国々のクリスチャンたちも日本のために熱心に祈り続けています。二〇一一年の震災以降、日本に対する関心と祈りが増加しました。

すでにいくつかの教会が日本で再生産されていることに、ほとんどの人はおそらく気付いていません。さらに喜ばしいことは、日本における教会増殖へのビジョンが拡大していることです。過去において、ビジョンを持ったリーダーたちが果敢にも教会の数を二倍にすることを推進していました（岸田 1992）。今日、日本のリーダーたちは、現存の教会を倍増させることだけでなく、一万、二万あるいは五万の新しい教会を日本に増殖させることを真剣に話し合っています。これほどの教会数は歴史において日本がいまだ見たこともない数です。このようなリーダーたちが心に描いている教会のタイプは急進的なものでもあります。

新たな質問

リーダーたちは日本の現状と神に与えられたビジョンや夢との狭間に立たされています。よって、私たちの宣教に関してのさらに重要な質問が当然出てきます。この新たな質問は、以下の通りです。

- 日本のどこで神は働かれているか？　聖霊の風はどこに向かっているのか？
- 宣教の働きを改善することをどこで学べるか？　効果的な教会のモデルはどこにあるか？
- どのようにして日本の教会の真の長所を再確認、また再発見することができるか？
- 既存の教会にリバイバルと改善をもたらすには何が必要か？
- 日本人に伝道し、弟子訓練をするのに最も効果的な手段は何か？
- クリスチャンたちは、社会によって傷つけられ、希望を失った日本人に、恵み、赦し、受容、自由、解放をもたらす福音をどのように積極的に示すことができるか？
- どのようにしてクリスチャンたちが近隣の人や、級友たち、仕事仲間たち、友人たち、親類たちと関わり合い、キリスト教を力強く、経験的に表現することができるか？
- どのような教会が教会を再生産し、増殖しているのか？　実践において何がうまく働いているのか？

- 教会はどのように弟子を増殖し、リーダーシップを発展させているか？
- どのようなタイプのリーダーシップが日本において教会を再生産しているのか？
- 教会開拓のためにどのようにして教会信徒を動員しているか？
- 教会はどのようにして、日本の土壌において福音の根を強く成長させるために、日本の文化に浸透することができるか？

トピックス

これからの章で、日本の教会の状態を誠実に綿密に調べ、同時に神からの新しく新鮮なビジョンを求めていきます。画期的な実地調査結果を用いて、原則や実用的な助言が提示されます。この本は実際のトレーニングコースや教会開拓のトレーニングで実践的に使用された資料から生まれたものです。教会開拓者のためのマニュアルではありませんが、教会開拓者や戦略家たちには、宣教のためのモデルやリーダーシップの役割やスタイルなどに関してある程度の助言を与えることができると信じています。多くのケーススタディや優良事例などを見ることで、日本の土壌における教会増殖への重荷を感じている者たちに新しい希望が与えられることを願っています。

この本は理論的なビジョンや夢に関してではなく、具体的に実現されたビジョンや夢に関してのものです。新たな祈りへの誘いであり、教会数の増加というこれまでに前例のない波の中で神の霊的な援助を用いて日本の文化というチャレンジに直面することへの召命なのです。刷新的な宣教の働きへの新たな洞察や見識が提示され、読者の新しい手段の探索を振興し、異なったパラダイムの模索を駆り立てるはずです。

以下の章では、宣教において成功し、現状を打破するための知恵、機会、見込み、可能性などについて紹介していきます。これらの章を通して、読者が、歴史から得られる革新的な宣教の働きを学び、試してみたり、パラダイムシフトを体験したり、新しいアプローチやモデルにとり組んだりすることが私の願いです。最終の目標は、このようなリーダーたちを手本にし、さらに多くのリーダーたちを教会開拓のために動員することです。ケーススタディと調査結果をもとに、以下のようなトピックスをそれぞれの章で取り上げていきます。

第1章　日本の土壌に福音を浸透させる　外側から見た日本における福音の進行状況。福音への応答が欠如している主要な理由は何か？

第2章　日本の土壌における教会　内側から見た日本の教会の現状。日本の教会の健全さと社会や文化との関連性はどうか？

第3章　日本の宗教ムーブメント　成長している教会ムーブメントは何か？　日本におけ

る社会的および宗教的ムーブメントから学べることは何か？

第4章 教会開拓における戦略的な視点 日本で教会を設立し、ムーブメントを起こすために、どのような戦略的原則が歴史の上で適用されてきたか？ また、現在どのような原則が適用されているか？

第5章 日本で再生産する教会の効果的なモデル どのような教会のモデルが効果的に教会を再生産しているか？ さらに効果を求めるために、どのようにしてこのようなモデルから原則を適用することができるか？

第6章 教会を再生産するリーダーたち 効果的に教会を再生産している日本人のリーダーたちから、リーダーシップについて何を学べるか？

第7章 新しい教会の増殖への将来の課題 日本の土壌で教会の増殖が確実に行われるために何がなされるべきか？

新しい教会を開拓するという神の目的に関して手短に見てきました。次に、日本という土壌において福音を浸透させることを分析する際に問われるべきチャレンジに満ちた質問をさらに深く考えていきます。

第1章　日本の土壌に福音を浸透させる

福音にとって日本の地は困難極まりないものでしたが、それでも福音は日本で耐え忍んできました。神がなされた人間の贖いの良き知らせは日本人の多くを神の子としてきました。教会は、キリストのからだとして、日本人の間で存在し続けてきました。非常に少数の日本人クリスチャンの影響力は、教会のサイズに関して集計されたどんな統計よりもはるかに大きいものです。しかし、序論で述べたとおり、日本の土壌における福音の浸透と成長はこれまでわずかで、ペースの遅いものでした。

序章では日本で福音を前進させる任務に関する質問と機会について考えました。ここでは日本人の福音に対する応答に関して考えていきます。まず、日本の現在の状況を統合的に見ていきます。厳しい見方のように思われますが、ここでの基本的情報は、後に実践的なケーススタディの例から宣教への革新を考えていく際に、非常に助けとなります。それから、日本における福音への応答の欠如の主要な理由を考え、これらの妨げに取り組む実践的な方法に目を向けていきます。

日本での福音の浸透

日本におけるクリスチャンの人口とクリスチャンの活動は非常に小さな割合です。一億二六九〇万人の人口のうち、日本のすべてのキリスト教会の現在の教会員数の合計は一〇六万五〇四九（プロテスタント六一万七〇五六、カトリック四三万七七四二、正教一万二五一）人で（表1参照）、すべてのクリスチャン人口は総人口のわずか〇・八四％となります（JCE 2016,11）。信徒の霊的活動の信頼できる指標である毎週の礼拝出席者数を見ると、標準的な日曜日にプロテスタント教会の礼拝に参加している日本人は二八万人で、これは人口の〇・二二％です（JCE 2016：11）。後藤牧人は、これらの割合は誇張された報告に基づいていて、おそらく現実的にはさらに低いであろうと述べています（後藤 2011：15）。

	教会数	教会員数
カトリック	1,000	437,742
正教会	70	10,251
プロテスタント	7,969	617,056
合　計	9,039	1,065,049

（JCE6 2016,11）

表１ 日本の教会と教会員数

日本は地球上で最も均質的な民族からなる国家のひとつです。中流階級が多くを占め、文化的にも民族的にも類似しています。この大きな民族グループは、世界でも二番目に福音の届いていない民族グループです（Joshua Project 2019）。なお、日本にはアイヌ民族や琉球民族などの少数民族が存在しています。[56] また、中国人（六六万五八四七人）と韓国人（四五万七七七二人）も多数居住しています。フィリピン人（二二万九五九五人）や南米から移民してきた日系人もいます（Joshua Project 2019; JCE 2016：123）。

日本の教会

日本には非常に小さな教会が、少数存在します。表1を見ると、日本には九〇三九の教会があることがわかります［プロテスタント七九六九、カトリック一〇〇〇、正教会七〇］（JCE6 2016：11）。日本には教会が一つもない多くの地域がいまだ残り、教会が浸透している国とは全く言えません。一つ

教会の規模	全教会に占める割合
50 人以下	81.5%
30 人以下	62.4%
15 人以下	30.6%

（JCE6 2016,11）

表 2 日本のプロテスタント教会のサイズ

も教会のない市が二四あります。地方の一八〇〇以上の町村にも全く教会がなく、そのうち九〇〇は教会を設立するのに戦略的な場所であるとも見られています。また、九六の市と四二の町村には教会がそれぞれ一つ存在しますが、人口が二万人を超えているので教会数がまだ足りていない地域と見られています（CIS 2013:5)。教会インフォメーションサービス（ＣＩＳ）の計算によると、日本には人口一万六〇〇〇人に対して一つの教会が存在し（CIS 2013:4)、一教会の平均教会員数はわずか三四人になります。さらにほとんどの教会は実際に非常に小さく（表2参照)、礼拝出席者では、教会の八二％は五〇人以下、六二％は三〇人以下、そして三一％は一五人以下となっています（JMR 2015:7)。

表3によると、これら九〇三九の教会は一万一七〇三人の職業的聖職者（プロテスタント一万一九八人、カトリック一四五一人、正教会五四人）によって牧会されており、そのう

	教会数	牧師数（外国人）
カトリック	1,000	1.451（541）
正教会	70	54
プロテスタント	7,969	10,198（468）
合　計	9,039	11,703（1,009）

（JCE6 2016,11）

表３ 日本の教会数と牧師数

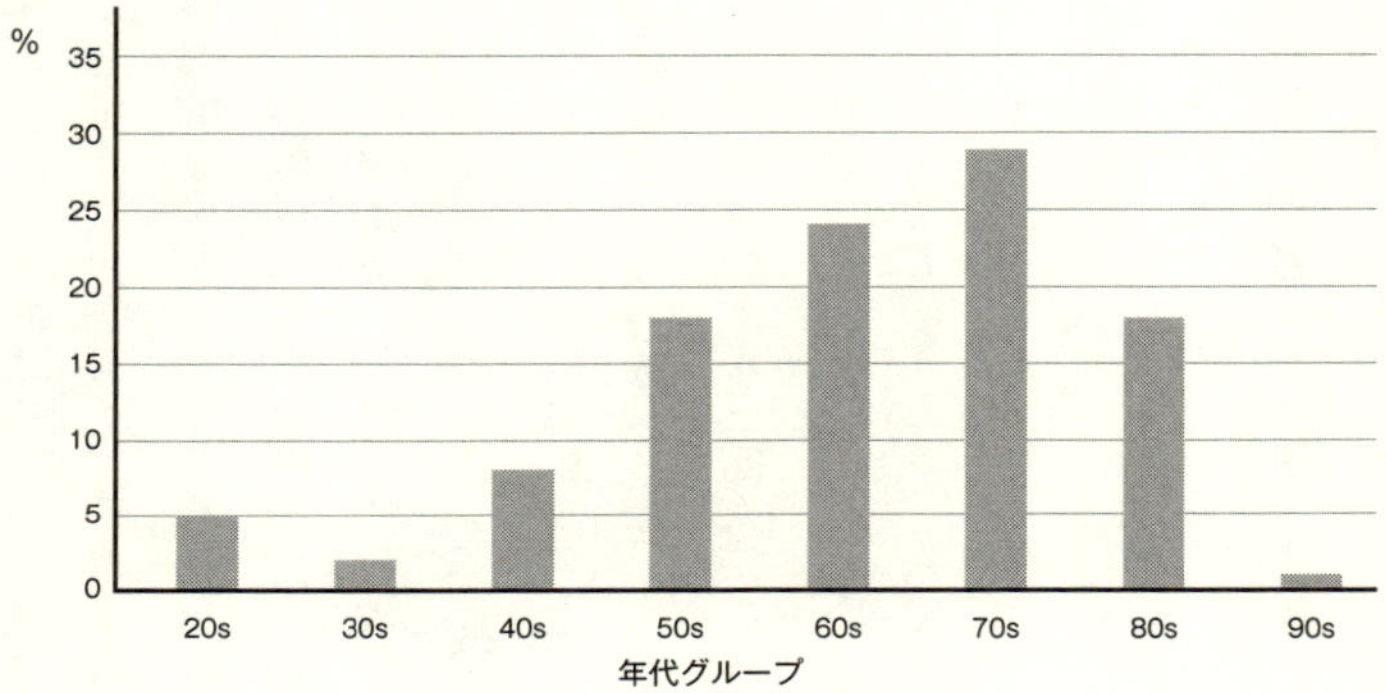

図1 牧師の年齢

表4 牧師の不足

	牧師あり	兼牧	無牧
教会数	6,670	560	300
割合	84.4%	7.1%	3.8%

（JCE6 2016,11）

ち一〇〇九人は外国人です（JCE6 2016 : 11）。

そして、これらの教職者の七二%は六〇歳以上です（図1参照）。このことと他の原因により、近い将来引退する予定の牧師の後を継ぐ、訓練を積んだ牧師の不足が続いています。現在三・八%の三〇〇教会は牧師が不在の状態（無牧）で、七%の五六〇教会は牧師が他の教会を兼牧しています（表4参照）。いくつかの教団は特に困難な状況にあり、二〇～四〇%の教会が無牧となっています（JCE6 2016 : 45）。

日本で奉仕する外国人宣教師の

数は一七〇〇人以下です（JCE6 2016 : 134）。ほぼ二八〇〇人だった一九八〇年代の半ばのピーク時に比べると、かなり減少しています。近年ではアジアから、特に韓国から数多くの宣教師が遣わされています。最近の調査では、宣教師の半分が教会開拓の働きが主要な役割であると報告しています（JMR 2015 : 23–28）。

教会成長

日本の教会員数は過去七十年間増加してはいますが、最近ではこの成長率は減速し、ほぼ横ばい状態になっています。一九四五〜八五年にかけて日本の教会に関する調査をした豊留は、平均年間成長率は四・一五％であったとしていますが（1985 : 230）、モントゴメリーの調査によると、一九六〇〜九〇年には一・七％に落ちていると報告されています（1997 : 18）。パリッシュは一九九七〜二〇〇七年の日本の教会の平均年間成長率はわずか〇・一％であると報告しています（2008 : 19）。一九八〇年代の後半には、四〇から五〇の教会に対して一つの新しい教会が開拓されましたが、一九九〇年代の後半になると、既存の教会と新しい教会の比率はおよそ二五〇対一にまで膨れ上がっています。

過去数年間、教会数は日本においてマイナスになっています。教会調査者らによると、いくつかの教会が警戒すべきスピードで閉鎖に追い込まれていますが、この減少の直接の原因ははっきりしていません。三森氏は、二〇〇二年に二七一の教会が閉鎖したが、この数は彼がしてきた調査の中でも最悪であると報告しています（2002:6）。このことについての調査は全く行われていませんが、教会閉鎖の原因は高齢化する聖職者と教会員にあると考えられています。

以前、教会インフォメーションサービスが行った、日本のプロテスタント教会の一九九六～二〇〇七年のデータによると、教団教派の五〇％が成長しており、一〇％が横ばいで、残りの四〇％が減少しています（メイン 2010:9）。日本基督教団の総教会数が若干ながらも実際増加しているので、これらの数値は、福音派であれ、カリスマ派であれ、事実を示していると言えます。同じ時期の単立教会の数は一四％の率で減少しています。一九九四～二〇一四年にかけての更新されたデータ（図2参照）を扱った似たような調査では、日本の教団教派

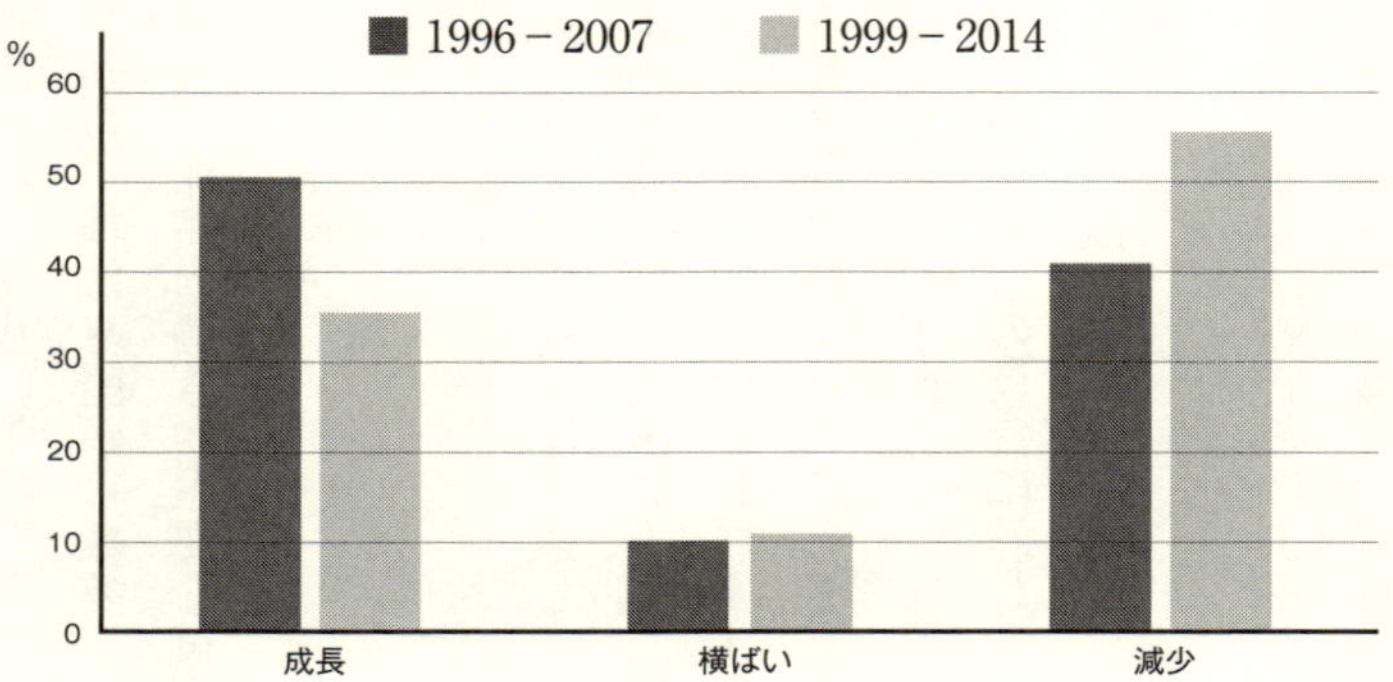

図2　教団教派の減少

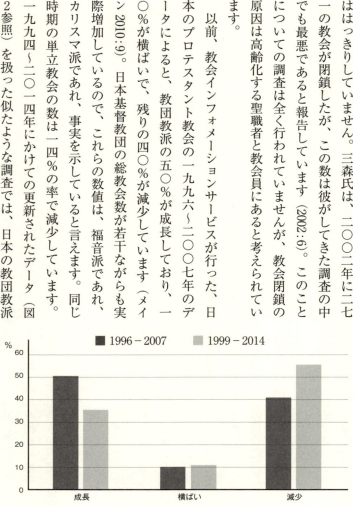

の六五％の教会が横ばいか、減少しており、全体的にも減少を示しています（JCE6 2016：27–29）。

百五十年にわたるプロテスタント宣教の後、日本は比較的に、いまだ福音が届けられていない地であり続けています。第二次世界大戦後に促進された宣教活動でさえも、十分に状況を改善するには至りませんでした（Hesselgrave 2005：138）。一九九六年にケネス・デール氏が日本の霊的土壌をいばらの地と評価したことは現在でも正しいと言え、事実、日本の教会は全体的にさらに悪い状態に陥っているとも言えます。この状況では、日本は現状維持で進むことはできません。なぜなら、日本の教会は減少し続けているからです。数年前、スコット・パリッシュ氏は、日本が人口千人に対して一つの教会という目標に到達するには、現在のペースでは二千八百年という天文学的年数が必要であるという計算をしています（2008：19; 柴田 2016：56–58 も参照）。

さらに新しいビジョン

日本には毎年五〇や六〇の教会が新しく加えられることではなく、教会が再生産され、既存の八〇〇〇の教会が増殖し、無数の新しい教会とムーブメントが起こされることが必要です。ブラウンは四十五年前に「大規模な教会開拓事業のみが」そして「多数の教会が生み出されていく教会増殖が、日本における神のみこころを成し遂げるために不可欠である」と、同じ見解を示しています（Braun 1971：27, 21）。

さらに多くの日本の教会が絶対的に必要とされているので、日本の中心的な教会指導者たちは、大きなサイズの教会が成長することではなく、さらに数多くの教会が成長することが必要であると呼びかけています（西大寺 1997：106；泉田 1998；岸田 1992）。「小さい教会の数をたくさん増殖することによって、日本をキリストのために勝ち取るべきだ」と考えている人たちもいます（Braun 1971:28）。

生み出しやすく、また教会のライフサイクルの初期に再生産することができるような新しいタイプの小さい教会が必要です。現状維持を打破するためには、危険をいとわない目標を持ち、聖職者のみが指導する教会から多くの信徒による教会開拓へと移行し、ムーブメント精神を大事にする急進的な献身が必要不可欠になります。教会開拓の話をするだけの行き詰まり状態を終わりにし、新しい教会を建て上げる働きを忠実に遂行していく必要があります。

世界の宣教学者たちは、一五〇〇人に対して一つの教会という割合で日本中に教会を浸透させるためには、五万から一二万の教会が必要になると計算しています。何人かのビジョンを持った日本の教会指導者たちは、日本のコンビニエンス・ストアの総数に対応した数を目標として設置しています。日本のコンビニの総数は四万三〇〇〇を超えており、大体人口二〇〇〇人に対して一店舗のコンビニとなっています。コンビニチェーンは、注意深く設定した地域の特定の人口への販売を最大化するために、人口動向を研究し、市場調査を行っています。このようなコンビニ店の数や場所を考慮に入れるならば、戦略的な教会開拓計画を作り上げ、日本の大衆に対して便利（コンビニエント）な教会を提供するのに役立つはずです。

日本での福音応答の欠如の原因

宣教学者ラルフ・ウィンターは、日本という国を全体的に見渡すと、「日本の何百人もの人々がいまだ福音の届いていない人々だと考えなかった日は一日もない。それはなぜか？それは、いまだ日本の教会ムーブメントが十分に存在しないからだ」（1997：421）と言わざるを得ませんでした。日本の教会が教会のムーブメントとして増え拡がり、教会が急速に成長することを、多くの者たちが待ち焦がれています。同時に、教会のムーブメントの可能性を妨害するものも多く存在しています。なぜ日本人は福音を受け入れ難いように見えるのでしょうか？　なぜ日本には教会成長が欠けているのでしょうか？

これらの似たような質問に答えるために、何十もの可能性を持つアプローチを提案することができます。日本の宣教の歴史を通して、これらに関して多くの深い議論がなされてきましたが、いまだ単純に答えは出てきていません。多くの優れた学者が様々な適用や理論的提案を提供してはいますが、この探索はまだ継続する必要があるでしょう。この書では、三つの原因を見ていきますが、これらは互いに相容れないものではなく、重なる部分があります。

1 日本の文化に福音のメッセージを文脈化させることの困難さ
2 霊的抵抗と霊的戦いに対する現実的な困難
3 既存のキリスト教会の健全さ、未信者との関連性

最初の二つの原因についてはこの章で取り扱います。三番目の原因については第2章で検証します。どちらの章でも、宣教のための実践的な適用の方法を紹介していきます。

日本の文化に福音のメッセージを文脈化させることの困難さ

日本人の世界観、信念体系、また文化的要素が、キリスト教宣教の歴史を通して厳しい課題となっていました。日本の土壌は、宣教学的にも最も厳しい困難な環境の一つになってい

ます。すなわち、日本の土地に福音が健康に育つように福音の種を蒔き、または移植する方法に対してです。これまで多くの種蒔きや、移植が行われてきたものの、福音はいまだ日本の土地に十分に根付いていないからです。

多くの日本人はいまだにキリスト教を外国の宗教として見ており、日本に根付いた宗教とは見ていません。日本の極めて重要なリーダーさえも「日本の教会は日本人をキリストに勝ち取るために日本的になることがほとんどできていないと私は評価している」と言っています（Fukuda 2015：525）。日本の土壌で福音が受肉化されることによって、健康に育つ日本固有の教会が生まれるはずです。しかし、福音が日本の土壌に根付く代わりに、教会はただ「鉢植えの植物」を模倣してきただけだと結論付ける者も多くいます（Conn 1984：246）。

これまでにキリスト教と日本の文化に関する無数の研究が行われてきました。福音のメッセージを日本の文化において文脈化することに関する総合的な議論はこの本の範囲を超えています。そこで、いくつかの教会のケーススタディを検証するために、ここではいくつかの日本の背景に関する重要な事柄についての概要を述べます。

日本の宗教

大多数の日本人は神道と仏教の両方を信じていると言います。しかし日本の宗教は「神道、仏教、道教、儒教、民間信仰の少なくとも五つの主要な宗教の糸が織り交ぜられて作られた色とりどりのタペストリーのようなものです」(Earhart 2014:2)。民俗宗教である神道は、宗教の中核あるいは根幹であり、他の宗教は神道に基づいていると考えられています(Fujisawa, 1958:20–21)。それはアニミズム信仰体系であり、「神の道」という意味であり、ある地域や日本の国に存在する神々や祖霊、力や勢力などに関係しています。

インドで開始された仏教は中国と韓国を経由して六世紀に日本に伝来しました。海外から移植された宗教ですが、仏教は日本の宗教と見なされるようになるために、その教えと実践において根本的な変革を遂げました。大乗仏教は五つの主要な宗派、つまり天台宗、真言宗、浄土宗、禅宗、日蓮宗として日本において発展し、それぞれの宗派内に多くの分派が生まれました。

道教は正式に日本の宗教としては一度も受容されたわけではありませんが、しかし、占いや人生の暦などについての教えは神道と仏教に影響を与えました。儒教は身分秩序や孝などの基盤を体系化しています。

神道、仏教、道教、そして儒教が日本の宗教において重要な役割を果たしていますが、日常生活の中で宗教的意義を見つけなければならない普通の人々の霊的な必要を満たすために、これらの宗教的、半宗教的なシステムの様々な側面が融合したもの」(Horii 1968:

xi）が民間信仰のうちにあります。ここのところ、日本人は組織化した宗教に対して興味を失い始め、民間信仰の宗教的実践を完遂することに充実感を見出すようになっています（Macfarlane 2007：175–177）。

宗教的なテーマ

日本の多くが行う宗教的信仰や活動はたいてい複雑で、時には曖昧なものです。日本における宗教のテーマは、信仰が日常生活にどのように影響しているかを反映しています。

1　神々と自然と人との親密さ、また内在性は、伝統的な神道の信仰に根付いています。
2　祖先崇拝。「普通の人は、先祖崇拝をある特定の宗教を超えたもの、またはあらゆる宗教を包括したようなものとして受け止めています……実質的にはそれが人々の宗教となっています」（Chizuo 1985：250）。祖先崇拝の信仰と実践は日本人をお互いに、そして前の世代と結びつける糊のようなものとして考えられ、それゆえに幾世代を通して日本の「家」のシステムを支えてきました。
3　浄化と汚れを避けることの大切さ（Lewis 2013:83–102）。
4　占いやお守りなどを含む民間信仰の実践によって幸運を手に入れ、不幸を避けること（Earhart 2014：283–284）。

5　重要な季節や通過儀式を祝う典礼や地域の祭儀。

日本の宗教と日本の国家の間に存在する親密な関係について述べる必要があります。仏教と神道は長い歴史を持ち、ともに日本の正式な宗教として認められたことがあります。日本人の国民性（日本教）はこれらの宗教システムと相互につながっています。以前の国家神道と天皇制による影響は日本人の国民性と宗教的性格を形作る原因となりました（Lee 1995：118–123）。「これらはみな、日本人が自分たちを神々の子と見なし、他のどんな文化よりも優れた文化を持っていると考える自文化中心的な考えを生むことになりました」（Mathiesen 2006：99）。これは部分的に戦前の日本における文化的ナショナリズムの運動と、戦後の日本の文化的独自性（日本人論）の考え方の源になりました（Sugimoto、2014：16–24）。

日本の宗教は変わってきており、これらの宗教的テーマもとても色濃く残っていますが、多くの日本人たちは組織的な宗教からますます離れつつあります。「日本人の自然に存在する神々との帰属感、家族の尊重、特定の典礼やお守りの重要性、個人的な儀式礼拝の重要性などのすべてが、宗教的活動を日常生活の中に組み入れています」（Earhart 2014：15）。

文脈化

日本人の世界観と信念体系を考慮に入れると、福音のメッセージを伝えるために日本の文化への大きな適応が必要であると多くの者が感じています。日本のキリスト教の歴史を通して、多くの信者たちは自国の人々に関連性を持ってイエス・キリストの福音を届けようと多大な犠牲を払ってきました。宣教学的にも、最も挑戦的な状況において捧げられてきた模範となるこれらの献身は決して過小評価できません。日本人ではなく、この分野においての専門家でもない筆者は、これらの分野に関して、いくつかの見解や観察のみを述べるにとどめたいと思います。

日本の宗教信念体系の歴史は、おもに外国の諸宗教の適応の物語だと言えます（Mullins 2006：115）。「比較的遅く到着したキリスト教は、仏教と比べて、異国のものというイメージや連想を取り除くのに非常に苦労し、それによって日本の歴史を通して少数派の宗教にとどまってしまいました」（Mullins 2006：118）。ロバート・リーは一九六〇年代の日本の教会を調べ、日本人にとって福音は日本の地においてよそ者であり、外国のもの、また異国のものとして見られていると結論付けています（Lee 1967：163）。ウィンターなど多くは、この見解は今日においても同じように当てはまると信じ、「真の日本の教会のムーブメントはいまだ存在せず、非常にわずかな西洋の追随者たちだけが存在している」（Winter 2002:8）と主張しています。

キリスト教は外国のものだという烙印が押されているので、日本における非常に重大なキリスト教の文脈化の必要性を訴える声が多く聞かれています（Fukuda 1993:3）。残念ながら多くの日本のキリスト教指導者たちは、文脈化の概念と実践に対して実質的な理解に欠けています。モローは文脈化を「クリスチャンたちが、異なった文化的背景を持つ人々の思いと心に伝えるために、キリスト教信仰の形、内容、そして実践を適応させる過程であり、その目標はキリスト教信仰を、そのメッセージだけではなく、現地の者が信仰に生きる手段も含め、全体としてとらえ理解できるようにすることである」と定義しています（Moreau 2005：323）。

多くの者は、この文脈化の過程へのアドバイスを、使徒パウロの宣教の働きの内に見つけることができるとしています。使徒パウロは一世紀に多元的で国際的な環境において宣教の働きをしました。コリント人への手紙第一９章16～23節を簡単に調べることで、使徒パウロのその例をはっきりと見ることができます（Flemming 2005：193–199）。第一に、福音の優先度と福音の不変の本質です（16～17節）。福音のメッセージは人々の救いのために宣べ伝えられなければなりません。このことは「福音を宣べ伝えないなら、私はわざわいです」（16節）という個人的な重荷となります。私たちの究極の宣教の目的は、「私は福音のためにあらゆることをしています」（23節）。第二に、個人的に適応する任務です。パウロは「私は……のようになりました」（20～22節）と五回繰り返しています。この任務は、福音と他の者をつなげるために、私たちの伝道方法を、時には自分自身をさえも、受肉化し、また適応させることです。パウロが「すべての人の奴隷になりました」（19節）と言うように、このためには大きな個人的な犠牲が伴います。第三に、効果的に宣教をしなければなりません。私たちの望む結果は、「より多くの人を獲得する」（19節）ことです。文脈化する働きの規模は、パウロの文脈化の取り組みに簡潔にまとめられています。「すべての人に、すべてのものとなりました。何とかして、何人かでも救うためです」（22節。傍点は筆者の付加）。この多大な努力と宣教規模はすべて、「何人かでも救うため」（22節）であり、それは有限の結果のための無限の投資を意味しています。ここで伝えられるべきメッセージは、福音です。その方法は、私たち自身であり、私たちが犠牲となることです。その動機は、他の人々がキリストを知ることを実際の結果として目の当たりにすることです。

日本という土壌において福音の根を強く育てるために、教会はどのようにして日本の文化に浸透することができるでしょうか。批判的な文脈化においては、「良い文脈化は聖書を第一の情報源とするが、神学とその実践を形成する際に、文脈が非常に重要な役割を持つ」（Ott and Strauss 2010：283–284）として聖書と文脈の両方が解釈されています。どのようにして福音が文化のあらゆる分野に忠実に理解できる形で伝えられるかを究明するために、聖書を研究し、また文脈を研究することによってクリスチャンの共同体の内で行われる、相互作用的なプロセスだといえます（Ott and Strauss 2010：283–284）。

聖書への絶対的な献身

絶対的な真理が存在し、私たちはその権威を聖書から得ています。文脈化は文脈を神学的なレンズを通して見ることを含んでいます。日本人の世界観と文化に対するクリスチャンとしての答えを準備する際に、[7] いくつかの神学的な分野を見直し、または強調する必要があります。一方で、特に日本の文脈のために新しく開発されるべき分野もあります。

1 神の超越性とのバランスを取りながら内在性を強調する神学理論
2 運命論やカルマに対する神の主権と愛に関する神学理論
3 悪の問題に関しての確実な説明を含む、苦しみと逆境に関する神学理論
4 伝統的で西洋的な個人的終末論を超えた、死と死者に関する神学理論
5 力、権威、悪魔、そして天使などの目に見えない世界に関する神学理論
6 占いに対する神の教えに関する神学理論
7 自然（創造物）と創造者への関係における人間の存在に関する神学理論
8 宗教体験に関する神学理論

文脈に対して敬意を示す献身姿勢

文脈は聖書ほど大切にすべきものではありませんが、「文脈の役割を過小評価しないように同様に気を付けなければなりません」（Ott and Strauss 2010：278）。私たちは日本人に仕え、日本人を愛するように召されているので、日本人の価値観や信念に対する思いを敬う必要があります。批判的な文脈化によれば、キリストの働き人は、文化的な要素に対して、採用、拒絶、改良、代用、また容認のうちのどれであれ、どのように対応するべきか選ぶ必要があります（Ott and Strauss 2010：281–283）。

これまですでに多くの研究がなされてきましたが、急速に変化する社会において、日本の文化に関してさらに理解されなければならない分野、またその後に文脈化の適用が必要とされる分野がいくつか存在します。

1　物語の伝え方から効果的な説教方法までを含む福音の伝え方（Fukuda 2001、Hiebert 2012）
2　日本人の感じている必要を見極め、その必要に取り組むこと（Dyer 2013：127ff、Fukuda 1993：183–87）
3　日本人の集団主義、社会的圧力、新しい個人主義（Matsumoto 2002：196–198）
4　信仰決心と回心（Fukuda 1993）

5　宗教儀式や通過儀礼、特に葬儀（Fukuda 1993）

日本人の文化を見極めることはほとんどの場合困難です。日本人は自分たちの文化に関してあまり内省的ではなく、文化に関してよく知らないことはあまり話したがらないからです。また日本人にとってグローバル化は現実のものなので、文脈化はさらに困難なものになっています（Ott 2015）。ますます多くの街頭調査的なものが必要となっています。もしかすると海外での居住経験を持つ帰国者クリスチャンに、日本の文化に関して思うことを分かち合ってもらうことが役立つかもしれません。

シンクレティズム（混合主義）の危険性

福音をある文化に土着化させ、文脈化させる過程において、福音が妥協させられてしまうことが起こりえます。コリント人への手紙第一9章でパウロから学ぶことは、適応する際に福音が神の絶対真理として最優先されるべきであり、さもなければその預言的な力を失ってしまうということです。「混合主義は、福音のメッセージの純度や教会の必須機能が適合の便宜のために損なわれる際に発生します」（Ott & Wilson 2011：124）。日本人は宗教的考えを非常にすばやく受け入れ、自分たちの信念体系に取り込むことで知られています。キリスト教はイエス・キリストのみを信じる排他的な宗教であるので、福音が未信者にとって不愉快なものとなりえます。そのため、多くの者が文化と妥協するように唆されて、混合主義の道に入り込み、誤った教義や異端に導かれてしまいます。例を挙げると、ある学者たちは、江戸時代（1603–1868）に迫害を恐れて隠密にキリスト教信仰を守った隠れキリシタンが、キリスト教の真理と実践を仏教、民間信仰、マリア崇拝と混合させていたとしています(Jennings 2003：184、Miyasaki 2003:22, 31、Furuya 2006：42–45)。

実践的な宗教

多くの日本人はキリスト教が知的エリート層の興味をそそるようなもので、理屈っぽいものだと非難しています。日本人にとって、自分たちの宗教の唯一の「道理」は自分たちの必要を効果的に満たすものだとしています。著書 *Practically Religious: Worldly Benefits and the Common Religion of Japan* において、リーダーとタナベは、日本の宗教の中心的要素が「この世的な利益」または「この世における実践的な利益」を意味する現世利益であると検証しています。この宗教による実践的な利益は「おもに健康、癒し、成功や……人生における個人的な出世……個人の健全さや問題のない人生などの物資的利益」を意味しています(Reader & Tanabe 1998:2)。日本で福音を文脈化するときに、聖書の真理に基づく私たちの信仰の綿密で知性的な基盤をあえて放棄するようなことはしません。しかし同時に、廃れた正説を非難し、「心の宗教」がないことを嘆き、また繁栄を約束するような福音が促進されることに対して私たちは抵抗する必要があります。クリスチャンとしての弟子訓練、真理への従順、宣教への従事を含むライフスタイルによって生じる実践的で体験的な宗教が、日本の文脈において、常に実証されなければなりません。

まとめ

日本は、福音を文脈化する際に、多くの問題を抱えています。日本人は多くの宗教的テーマを忠実に守っていますが、宗教に対する理解はたいてい体系化されておらず、それを分析することを受け入れず、多くの他の要素を利用することで順応し、極端に実践的です。福音を日本人の心と思いに伝えるためには、クリスチャンによる全人的で厳密な献身が必要になります。「あらゆる神学と実践をみことばに根付かせ、世界観のレベルまで浸透し、文脈のあらゆる観点まで関わることで、日本人の世界とつながり、変革をもたらすことができる健全な教会が確実に現れるように手助けすることができます。」（Ott and Strauss 2010：290）＋

霊的な抵抗と戦いへの真の難題

日本人がいまだ福音にうまく応答することなく、日本において活気に満ちた教会ムーブメントが現れていない第二の理由は、霊的な抵抗と戦いにあります。日本における福音への応答と成長への妨げとなっているものは単に概念的、文化的、また実践的なものだけではなく、究極的には霊的な問題なのです。伝道は、罪と義とさばきについて世にその誤りを認めさせる聖霊の働きによるものです（ヨハネ16章８節）。弟子訓練や教会開拓も根本的には霊的な働きです。「宣教は究極的には霊的な働きであり、霊的な支援によって力を得ます」（Ott and Strauss 2010 : 246）。あらゆる宣教の働きはすべて神の主権による「わざ」によるものであることを覚えておく必要があるのです。

クリスチャンたちは、肉、この世、そして悪魔と悪の霊的な力という三つの霊的な敵に対して悪戦苦闘しています。日本に福音をもたらす宣教の働きは、「彼らの目を開いて、闇から光に、サタンの支配から神に立ち返らせ、こうしてわたしを信じる信仰によって、彼らが罪の赦しを得て」するものです（使徒26章18節）。パウロはこれを神と神の力のみに頼る必要がある霊的な戦いであるとしています。「終わりに言います。主にあって、その大能の力によって強められなさい。悪魔の策略に対して堅く立つことができるように、神のすべての武具を身に着けなさい。私たちの格闘は血肉に対するものではなく、支配、力、この暗闇の世界の支配者たち、また天上にいるもろもろの悪霊に対するものです」（エペソ6章10～12節）。悪魔とその他の悪の反対勢力に立ち向かう霊的な戦いが実存しているのです。

聖書の世界観

このような問題に適切に対処するには、すべての信徒が明確な聖書の世界観を理解している必要があります。近代主義や自然主義は超自然的な世界を否定し、神ご自身や、天使らの人格を持った霊的存在や、奇跡などを受け入れません。クリスチャンにとってはこの超自然的な世界は実際に存在します。神は天におられ、霊性を伴って創造された人間は、奇跡によって創造された地球に存在します。多くの西洋人にとって、このようなものは霊的次元のものとして捉える領域にあります。しかし、ヒーバートが「排除されている中間領域」と呼んでいる、神に従順な天の使いと神に敵対するサタンと悪魔が存在する領域がなおざりにされています。超自然的にこの世に存在する者たちや力が属する中間領域を、たいていの西洋人たちは自分たちの世界観から排除しています（Hiebert 1982：43）。霊的世界は、全能なる神、宇宙の創造主、全能であり愛にあって完全な神と共に始まりました。神に忠実な御国の使いと人格を持った霊的使者である天使が、神の創造の一部に含まれています。また神の創造の堕落した一部として神の御国に敵対する反抗的な霊的存在である悪魔や悪霊が存在しています。この霊的戦いの戦場は人々の魂と関連する人間の制度や構造に対するものです。

抵　抗

この世には堕落した人間とサタンと悪霊たちの働きによる悪が存在します。人は罪と本性と選択によって堕落し、創造主なる神に抵抗する者となりました。この堕落によって真理の認知、神の追求、礼拝への関心、そして社会関係などを含むあらゆるものが影響を受けました。ローマ人への手紙1章においてパウロは、この人間の負のスパイラル（18節）と、それの及ぼす人間と見識に対する影響（21節）を明確に示しています。人間の邪悪によって、真理は抑制され、心は暗くなり、良くない思いに引き渡されました（28節）。パウロは、神がご自身を偉大な力を持つ創造主として明らかにされたのに、堕落した人間は神の御栄えを被造物に似た物に代えてしまい、「造り主の代わりに、造られた物を拝」むようになったと断言しています（19、20、25節）。人間の罪は個人と集団に影響を与えています。人間の神への反抗は、神をあがめない人間の制度にも現れています。日本中に拡がる偶像礼拝は、現代におけるパウロの教えの十分な証拠だといえます。

反抗は堕天使であるサタンによるものでもあります。サタンは他の堕天使たち、すなわち悪魔たちと共に陰謀を企てた人格を持つ霊的な存在です。これらの霊的な敵は現実のものです。サタンは活発に不信者の思いをくらませて（第二コリント2章2節）、その人たちの心からみことばを持ち去り（ルカ8章12節）、「この世を支配する者」として福音を妨害し、人々を虐げています（ヨハネ12章31節、14章30節、16章11節、第一ヨハネ5章19節）。悪魔は「この世のもろもろの霊」のもとに人々を奴隷とし（ガラテヤ4章3節、コロサイ2章8節、20節）、特定の人々を感化し、とりこにしています。日本では数えきれないほどの例が、サタンと悪魔の存在と日本を霊的暗闇に抑え込むたくらみの存在を証明しています。

過去二十五年間に、霊的戦いのムーブメントの様々な観点、特に霊的戦いと悪霊追い出しによる解放に関する多くの健全な討論や論争が行われてきました（Beilby & Eddy 2012:2,36）。様々な間違った教えや行き過ぎた考え方への懸念の存在から、ローザンヌ運動が霊の戦いに関する声明を公表するに至りました（ローザンヌ 1993）。ピーター・ワグナーが支持する「戦略レベルの霊の戦い」ムーブメントは、地域を支配する霊を「締め出す」ために地域の霊的マップを作成することを奨励しています。このような地域を支配する霊や霊的要塞などの教えは、アニミズム的、または民俗的な信仰をキリスト教の世界観に取り組むものであると懸念を抱く学者たちもいます（Ott and Strauss 2010：260-261）。このような行き過ぎた考え方は日本において潜在的な問題となります。このような霊の戦いの考えには注意と識別力が必要ですが、霊的次元を完全に無視することは決してできません（第一ヨハネ4章1～3節）。

霊の戦いに関連する事柄

1　聖書の主なる神は究極的に宇宙を支配するが、サタンや他の霊的存在はそうではない。時がついに満ちると、キリストにあってすべての創造されたものが一つに集められる（エペソ1章9～10節）。

2　神は、被造物であるサタンよりも無限に力強い（エペソ1章19～20節）。宇宙の二元性は存在しない。

3　王であるイエスは「天においても地においても、すべての権威が与えられて」おり（マタイ28章18節）、十字架によっていっさいのものの上に立ち、様々な支配と権威の武装を解除し、それらをキリストの凱旋の行列に捕虜として加え」られた（コロサイ2章15節、エペソ1章21～23節）。十字架の目的は、「死の力を持つ者、すなわち、悪魔をご自分の死によって滅ぼ」すためであった（ヘブル2章14節）。イエスの御名はサタンと悪魔に対して権限を持ち、イエスが現れたのは、「悪魔のわざを打ち破るため」（第一ヨハネ3章8節）である。

4　信徒は霊的存在を恐れる必要はない。ヨハネは「子どもたち。あなたがたは神から出た者であり、彼らに勝ちました。あなたがたのうちにおられる方は、この世にいる者よりも偉大だからです」（第一ヨハネ4章4節）と励ましている。信徒らは勝利のために戦う必要はない。なぜなら、すでに勝利を得た戦いを戦っているからである。

5　クリスチャンは一人で戦わない。一緒に戦う。エペソの6章は町全体のすべての教会にあてて書かれている。共に立ち上がり、共に戦う。キリストの勝利とはご自分の教会を含んでいる（エペソ1章22～23節、3章10～11節）。

日本の霊的環境

日本に福音を行き届かせることを願っている人々は誰でもすぐに、日本の霊的暗闇の現実を知るようになります。偶像礼拝がどこでも見られ、宗教活動がまん延している中で、日本は明らかに霊的暗闇の国です。原罪と共に生まれたすべての者は、神に対して反逆する堕落した状態にとどまり続けています。この堕落は社会全体にも現れています（ローマ1章18～32節）。偽りの父であるサタンはすべての不信者の霊的父であり（ヨハネ8章44節）、「この世の神」が「信じない者たちの思いを暗くし、神のかたちであるキリストの栄光に関わる福音の光を、輝かせないようにしているのです」（第二コリント4章4節）。

多くの日本人は、この目に見えない霊や力が存在する「排除されている中間領域」の中で生活しています。日本人は、無縁仏、お化け、幽霊、亡くなった先祖たち、無生物に宿る力や、運命のような人格を持たない力などの霊的存在を信じ、それらすべてによって生活がコントロールされています。アニミニズムや心霊術などの実践的な宗教は、人々をサタンや悪霊たちによる欺きにさらしています。日本人の偶像への隷属は旧約聖書において預言者たちが目撃したようなものです。

日本での宣教経験者は、たいていこのような霊的暗闇や隷属の現実を目の当たりにしています。家族が夏のお盆に祖先の霊を迎えたり、寺や神社で宗教行事が行われていたり、近所で手相占いや他の占い術などのオカルト活動を見るときに、そのような現実を感じます。しかし同時に、霊的世界で起こっているはっきりしないことを聖書から、また経験から説明することは非常に困難です。霊の戦いにおいて私たちは「圧倒的な無知」と「戦いの不透明さ」を常に覚えておくべきです（ベイルビー&エディー 2012：117）。

神の武具

エペソ人への手紙6章13～17節において、パウロは霊の戦いを信徒たちに自覚させ、キリストの働きのために防具として与えられている真理、福音、義、信仰、救いなどの神の武具をリストアップしています。信徒たちはこの武具によって立ち向かうようにと、エペソ6章で四度語られています。霊的戦いにおいて信徒たちは、キリストに与えられた権威とキリストの臨在（マタイ28章18、20節）、キリストが「私たちを暗闇の力から救い出して」くださった事実（コロサイ1章13節）、十字架により主があらゆる霊的な敵にすでに打ち勝っている（コロサイ2章15節）ことを意識する必要があります。

防具として武具が与えられていることに加え、神のみことばが攻撃の武器として信徒たちに与えられています（エペソ6章17節）。神のみことばを用いて、未信者の人たちに「真理との遭遇」を提供するのです。

私たちは肉にあって歩んではいても、肉に従って戦ってはいません。私たちの戦いの武器は肉のものではなく、神のために要塞を打ち倒す力があるものです。私たちは様々な議論と、神の知識に逆らって立つあらゆる高ぶりを打ち倒し、また、すべてのはかりごとを取り押さえて、キリストに服従させます。（第二コリント10章3～5節）

私たちの任務は福音の真理を自分たちに、そして他の人々に語ることなのです。

祈りの武器

エペソ人への手紙6章では、福音を前進させるために信徒たちが行うとりなしの祈りという状況の下で霊の戦いが説明されています（エペソ6章18～20節）。パウロは大胆に恐れなく福音が語れるように祈ってほしいと頼んでいます。祈りは福音と教会の前進のために重要な要素です。「祈りは不毛な敵の領域において御国を前進させるためのものです」（Piper 2010：69）。必要とされる聖書的な祈りは、悪霊たちに対抗して祈るというよりも、神が暗闇にいる人々の目を開き、神に対して反逆していた罪から悔い改めるように祈ることです。

現状が突破されるために祈る

クリスチャンたちは、国々が神に立ち返るようにと祈る必要があります。「わたしに求めよ。わたしは国々をあなたへのゆずりとして与える。地の果ての果てまで　あなたの所有として」（詩篇2篇8節）。歴史的な突破は他の国々ですでに起こっており、多くの人々の回心と教会の拡大をもたらしています。このような宣教学的な突破と教会開拓のムーブメントは、神の働きによるものです。デイビッド・ブライアントによると、「福音主義の学者であるJ・エドウィン・オアは霊的な覚醒をもたらした偉大な祈りのムーブメントの歴史について六十年間研究をした末に、一文でこう端的にまとめています。『神がご自分の民と何か新しいことをなさろうとするときには、常にまず祈りを始めさせます』」(Bryant 1995：30–31)。

私たちの本来の役割は、神に懇願し、日本人のためにとりなすことです。アラブのイスラム世界や旧ソビエトへの神の祝福と突破を求めて熱心になされた祈りは多年に及び、ついに宣教学的な突破を見ることができました。神が他のアジアの民族になされたように、日本に霊的な突破がもたらされることを多くの人々が神に願っています。一九八九年にはたった四人のクリスチャン人口だったモンゴルは、現在五万人を超えるクリスチャンが存在し、韓国のクリスチャン人口も五十年のうちに二%から二九%に成長しています。ギャリソンは、働き人、教会リーダーたち、福音の前進のために、祈りは不可欠であることを見出しました(Garrison 2004：172、173、175–177)。神の栄光のため、世界中のクリスチャンは日本人のために新しい祈りのムーブメントを用いる必要があるのです！

祈りの役割は、神とサタンの戦いの結末に関する自信から生じます。とりなしは、福音が前進し、御国を通して神の主権が現され、キリストがご自分の教会を建てられるという（マタイ16章18節）「大きな祈り」でなければなりません。「どんな教会開拓ムーブメントもそれに関わる者たちの祈りの働きを超えることはありません」（Ott and Wilson 2009：181）。日本のための祈りには、以下のことを含めることができるでしょう。

- 神が日本の収穫のために働き手を送ってくださるように（マタイ9章38節）。牧師が不足し、宣教師の数が減少しています。
- 神が敵の偽りを取り除き、霊的な目を開いてくださるように（第二コリント4章4節）。
- 人々が真の神に立ち返り、偶像礼拝から悔い改めるように。
- 日本人が先祖の霊を拝むことをやめるように。
- 習慣を守らせようとする社会の圧力の中で、信徒が福音を語る大胆さを神が与えてくださるように（エペソ6章19節）。
- 日本人が聖書の神を呼び求め、易や占いではなく神に導きを求めるように（エレミヤ33章3節）。
- 政府によって制約されない信教の自由が続くように。
- 神道や天皇制などの日本の伝統的な宗教的価値観が疑問視され、拒絶されるように。
- 神が日本に多数の教会開拓ムーブメントをもたらしてくださるように。
- 神がすべてのクリスチャンと教会を刷新し、復興させてくださるように。

まとめ

日本の教会は勇敢であり続け、信徒たちも霊的暗闇が充満する国において忍耐強くあり続けています。神のみことばの真理を伝えるキリスト教信仰を持つ者が少ない国において、日本は霊的飢餓状態にあります。教会を増殖する任務は、霊的抵抗に対する霊の戦いです。霊の戦いを理解する際には、徹底的に聖書的であり、信仰を主観的な個人体験に基づかせることを避け、扇情的な実践を避ける必要があります。クリスチャンたちは、聖霊に拠り頼み、戦いに対して警戒心を高め、十分に祈り、十字架上のキリストによって究極で最後の戦いに勝利していることを覚えておくように召されています。

この章では福音に応答しない外部的な二つの原因を考察しました。日本文化への福音の不十分な文脈化と、霊的抵抗と霊の戦いについてです。ケネス・デールは（1）日本の文化と（2）その文化への関与と文脈化に欠けている既存教会の両方が問題の源であると、正確に記しています（1996）。次の章では、急速な教会成長の欠如をもたらしている内部的原因と、既存のキリスト教会の健全性や適切さについて考察します。

第2章　日本の土壌における教会

前章において、日本における福音への応答の欠如について三つの原因を紹介しました。まず日本の土壌において福音を浸透させることを述べました。それに対する二つの外的な要因を考察しました。第一に、日本の文化に福音を適応させ、文脈化させる問題について考察し、第二に、霊的抵抗と霊的戦いについて考察しました。この章では第三の原因、日本の土壌における教会の成長と健全さの欠如に関して、つまりキリスト教会の健全さと未信者との関係性について考察していきます。

日本において福音が成長していないことに関しては、日本の文化と霊的抵抗という外的な事情だけに起因するのではなく、内的な要因である日本の教会にも起因すると考えられます。ある人たちは「教会の成長は、支配的な社会・政治的状態に影響を受けるのと同じくらい、教会内で作用している内部的要因によっても影響を受けることが多い」(Braun 1971, 170) と感じています。日本の教会の歴史の研究と実地調査の結果をもとに、日本の教会は全体的に見て健全ではないと指摘されており、教会は健全さの欠如のゆえに成長が妨げられていると報告されています。「日本の教会の低成長は、日本人がクリスチャンになることを敬遠しているだけではなく、教会がその宣教の任務に取り掛かる上で煩雑な、または不完全なやり方をしていることにも起因すると考えられます」（Braun 1971, 19）。何十年にもわたり、ブラウンのような著者たちは、教会が日本における福音への応答と教会成長の欠如の重要な原因であると指摘しています（Lee 1967; Conrad 1998; Dale 1996; Sherrill 2002）。ここ最近では、幾人かの日本人指導者たちも「日本の教会は教会に対するキリストの心を具体化していない」と断言し、日本の教会を非常に批判的な目で見ています（リサーチＦグループ 2012 : 11-15）。

以下に述べることは、日本の既存の教会内で見られる重要課題とその要因をまとめたものです。徹底的な要約ではありませんが、伝道、弟子訓練、成長、教会の再生産が欠如しているいくつかの理由がまとめられています。根本的な理由、すなわち絶対不可欠な聖書的原則が教会において忠実に適用されていないことは、他の国々や民族グループの間でも見られます。しかし、健全に成長する教会が不足している原因の一つ一つは、日本の文化と日本の教会の活動などによってより強化されているかもしれません。以下に述べる要因を、教会の健全さと成長に相互に関連している障害として見る必要があります。日本の教会に必要な変化への必須事項として提示します。

このセクションに移る前に、注意しておくべきことがあります。このセクションの目的は、日本の既存の教会を過剰に批判し、また思いつくままに中傷することではありません。日本の教会を成長させるために神に忠実に仕え続けてきた多くのリーダーたちや信徒たちに多大な敬意を表します。しかし同時に、リーダーとして仕える多くの者たちは日本の教会の現状に「聖なる不満」の思いを抱いています。歴史を通じてキリストの花嫁である教会を尊重しつつも、既存の教会を聖書的、また宣教学的なレンズを通して慎重に調べざるを得ないと感じる者たちも多く存在します。

この本の主題は新しい教会についてなので、新しい教会と既存の教会との関係は後の章で続けて考察していきます。再生産する教会の効果的なモデルに関しては第５章で、再生産のためのリーダーシップに関しては第６章で考察します。次に、既存の教会が将来に向かうために必要とされる、相互に関連する六つの方向性をリストアップします。

1　教会のリーダーシップの転換
2　神の民としての教会成長
3　地域社会へのつながり
4　全人的な弟子訓練

5　一致団結するパートナーシップ
6　教会による宣教の回復

教会のリーダーシップの転換

第一に、日本の教会は教役者中心のリーダーシップから、教会の信徒全体を動員するさらに幅広いリーダーシップに転換する必要があります。

世界的に見ても教役者中心のリーダーシップは問題となっています。これが伝道、弟子とリーダーの成長、そして教会の再生産に影響を与えている日本の教会の最も大きな問題の一つであると言及する著者が多くいます（Braun 1971, 107–110; Dale 1975, 158–59,OC International Japan 1993, Sherrill 2002）。教役者と信徒との間のギャップが大きすぎるため、宣教の働きはただ一人の働きを超えて成長することなく、教会が小さいまま存続し（平均信徒数35人）、再生産をすることができません。

日本人のリーダーシップは儒教の道徳、社会秩序（五倫の徳）、そして武士道によって深い影響を受けています（Lee 1999, 75）。その結果、日本の社会構造はリーダーシップを上意下達の階層制、形式的なリーダーシップ、地位に基づく権威、義理に基づいた指導者と追随者の関係といった特徴を強めています（二二七頁の図10参照）。指導者と追随者の間には「下部からは『忠義』、そして上部からは『温情主義』と呼ばれる文化的な制度によって、強い感情が階層制を結びつけているのです」（Matsumoto 2002, 12）。

教会のリーダーシップも、儒教の教師と弟子、または年長者と年少者の関係によって、教役者と信徒の間に大きなギャップがあることが特徴となっています。数十年前まで、典型的な教会は、牧師が大名のように振る舞うミニ領地のようなものであったことを覚えている人も多いはずです。大橋は、この牧師と信徒との間にあるギャップが、現在の教会リーダーたちを訓練する際に制度上の問題として残り、伝統的な教会構造のゆえに、ある者はエリート層として見られ、残りの者が一般人として見られるような状況を作っていると信じています（大橋 2007：142–143）。司教や神父が不在では教会は存在できないというローマ・カトリックの教会リーダーシップの見方と似たようなものだと考える人もいるでしょう。

日本人の教役者たちは、ルイスが「先生シンドローム」と呼んでいる牧師職を地位的なリーダーシップとして重視する傾向がしばしばあります（Lewis 2013, 261–265）。牧師としてのリーダーたちは正式な学問的訓練を習得し、教役者としてフルタイムで雇用されているエリートとして見られます。地位的なリーダーシップが強調されるため、一般信徒たちは宣教の働きに従事する権限が与えられることは稀で、その結果、追随者として受動的になり、しばしば「リーダー」として立つ思いに欠けるようになります。また他に見られるしるしとしては、宣教の働きの委譲がほとんど見られず、信徒たちはミニストリーのために動員されません。信徒たちは牧師のミニストリーに手を貸すだけの存在です。しばしば教会の働きは、日本で「ワンマンバス」と呼ばれるような、牧師単独による指揮によって動かされます。このようなわけで、日本の教会の大部分が単細胞の組織であり、平均礼拝出席者は三五人、ほとんどの教会のサイズが約一八人であると説明できるかもしれません。

日本の教会リーダーシップを変換するために、ある人たちはいくつかの可能性を提案しています。

- 上下関係の文化が変わりそうもない日本において、教会リーダーシップに関する新しい神学的な変換を要求する声が高まっています。教会リーダーシップがさらに多くの人々にもたらされ、増え続けることが必要であり、エリート層によるリーダーシップというやり方は排除されるべきだと認識されています。〝高教会派〟のような教会でさえも、主任牧師以外にも教会の様々なリーダーシップの職務を用意するように奨励しています。彼らは聖書的な教役者のリーダーシップは、神学校における正式な訓練、フルタイムでの働き、宣教に関わるための資格などを必要としていないと考えています。日本は上下の力関係の強い、つまり指導者と追随者との距離がある文化です（Hofstede

1997, 28)。日本の影響力のある多くの指導者たちは、教会のリーダーを「同輩中の首席」と見なし、高いピラミッド式のリーダーシップを低くし（二二七頁の図10と図11参照）、上下関係を縮めています。ある牧師たちは「主任牧師」と呼ばれることを避けたり、教会スタッフとして仕える信徒たちも牧師と呼ばれるべきだと主張したりしています。あるセルチャーチの日本人牧師は、他のセルグループリーダーの下に身を置き、説明責任を果たすようにしています。

- 他の人たちは、多くの新しい種類のリーダーたちを含む、より幅広いリーダーシップへと移行することを提唱しました。ブラウンや他の著者は、地域教会内で経験と賜物に基づいた複数のレベルのリーダーシップを持つことを提案しています。信徒たちがインターンや、スタッフ、働きのチームリーダー、小グループのリーダーになれる多くの機会がさらに必要と考えます。リーダーの育成がもっとなされるなら、より多くの教会が増殖する可能性があります。千田次郎はこのことについて「教会開拓とはリーダーの育成のことです」と賢明に認めています。
- 牧師のリーダーとしての役割を、信徒たちが宣教に従事できるように権限委譲することに焦点を置くべきだという声も多くの人たちから上がっています。教役者が「聖徒たちを整えて奉仕の働きをさせ」ることは（エペソ4章12節）、教役者を排除することを意味するのではなく、教役者の役割が信徒たちに宣教の働きを任せ、権限を与えることによって信徒たちを整える働きに変換することを意味しています（参照＝大友 2016：26–27）。

「自然に成長する教会（ＮＣＤ）」は日本の数百の教会に対して広範囲の調査を実施しました。その調査では、健康な教会への八つの不可欠な特質の中で、日本の教会において一番弱い特質は「権威分与リーダーシップ」であると見極めています。教会の再生産に関する日本の現地調査は、信徒と教役者のリーダーらを育成し、宣教の働きに送り出している健康な教会が存在していることを示しています。このような教会のリーダーシップは働きの委任や宣教のためのリーダー育成に特徴づけられています（メイン 2013：186）。これは「万人祭司」が理論上ではなく、教会信徒の動員という形で実践されているということです。

教役者の役割は、教会の働きをするというよりも、信徒を整え、信徒たちが教会の働きをできるようにすることです。もしこのことが日本において十分に理解され……実践されるなら、教会生活に革命がもたらされることでしょう。しかし、神学校での訓練がこのような役割に向けて神学生を整えるようには全くデザインされていないので、簡単なことではないと考えられています（Braun 1971, 109）。

これまで述べてきた変化や変換に関する提案は、ある人たちには過激に聞こえるかもしれませんが、日本の多くの教会がこれらの新しい方向性を導入し、その結果すでに新たな成長を体験しています。教会の再生産におけるリーダーシップに関しては、第６章でまた詳しく取り扱います。

神の民としての教会成長

第二に、日本の教会は教会を宗教団体としてではなく、神の民として成長させる必要があります。

教会が成長し、歴史を重ねるにつれて、単純な構造を持つ活動的な有機体としての性質が、停滞した組織へと移行したり、組織化されたりすることによって徐々に失われてしまうことがあります。日本の文化では、組織、官僚、形式、構造などの観点から世界を見る傾向が好まれます。そのような文化の例を挙げると、日本の弓道がそれにあたります。弓道の本来の目標は必ずしも的の中心を射ることではなく、弓を射るために正しいフォームを身に着けることにあります。

有機的で関係的な性質ではなく、構造上の性質を強調するこの日本の傾向は、教会にも当てはまります。集合した共同体としての聖書的な教会観は、建物としての教会の中で行われる様々な会議や行事などのスケジュールで失われています。日本の教会は、不活発な組織ではなく、霊的な意識を持った関係を重視するグループとして、温かい家族のようなものとして自分たちを力強く示していく必要があります（Dyer 2013, 116–117）。

日本のクリスチャンに教会とは何かと問うならば、たいていの答えは、教会の企画イベントや教会の住所、あるいは組織としての教会に関するものになります。このような答えは、神の民として独特な特質と地位を持って特別な関係を生きる個人の集まりである教会の定義とは対照的です（第一ペテロ2・9～10）。これでは「教会になろう（let's be the Chrch）」が「教会に行こう（let's go to church）」に取り換えられています。神の家族としての有機的な教会は組織となってしまい、建物に集まる神の民が活動リストだらけのキリストのからだとなってしまいます。

教会を成長させる際に、人間関係を非常に重んじる日本文化を取り入れることができます（Dyer 2013, 70）。教会を組織や会議ではなく、人生を共に分かち合う生き方として（使徒2章42～47節）体験することができます。日本には、強い関係の絆や互いに対する深い思いやりを実証している健康な教会がいくつか存在します。伝道、弟子訓練、リーダーシップはみな関係重視の過程を含んでいるので、このように関係を重視することは非常に大切です。

- リーダーシップは組織的な資質よりも、教会の関係的な資質を強調するべきです。日本で教会を再生産している教会のリーダーたちは、単に停滞した組織ではなくダイナミックで生きた有機体としての教会観を持っています（メイン 2010:109-110）。
- 小グループ（セルグループ）で温かい人間関係における霊的なケアを強調することによって、神の民としての教会の焦点が定まり、意識が高まります（Lewis 2013, 247-251）。日本では、小グループを実践する多くの教会が健康で、成長しており、関係を非常に重視する集団主義的な文化を持っています。このようなグループでは牧会ケアが活発で、アウトリーチが奨励され、さらに多くのリーダーたちが動員される手段が提供されています。
- 神の民としての教会は、地域社会において人々と関係を築く際に特に役に立ちます。み言葉と行いをもって伝道する際に、強い人間関係は地域社会において人々の心に触れることができます。ますます都市化する日本において、自殺、引きこもり、セックスレスの結婚生活、いじめ、ハラスメント、感情的・精神的問題などの最近の個人的問題や社会問題は、地域社会における深い思いやりの関係が緊急に必要とされていることを示しています（McQuilken 2007, 63-64）。教会はこのような必要を満たし、このような問題を抱えて困っている人々に個人的な支援を提供する態勢を整える必要があります。

地域社会へのつながり

第三に、日本の教会は地域社会においてもっと適切なつながりを持つ必要があります。ケネス・デールは、日本において福音の成長が少ない理由を正しく、第一に日本の文化、そしてその文化との関わりや文脈化に欠けた既存の教会を第二に挙げています（Dale 1996, 1）。この核心的な問題は、地域のレベルにおいて決して避けることができません。地域教会の外にいる人々の多くは、教会が外部の人々の問題に興味を示すことなく、内部の自己利益のみに興味を示すだけで、外部の人とはつながろうとしていないと感じています（Dale 1998, 285）。

このつながりの不足の原因は、教会が小さいこと、力や資源が十分でないこと、また劣等感なども考えられます。教会は要塞であるという意識や、文化に妥協してしまうという恐れなども挙げられています。また歴史のある時点では、文化と日本の政府さえもが、キリスト教会の成長を強く妨げました。

教会の問題と近隣のコミュニティとの関係的なつながりが欠けていることは、ジェイコブソンが何年も前に日本の全教会の八七・三％が自分たちの地域社会の調査を一度も行ったことがないという調査結果で示しています（Jacobsen 1977, 5)。日本人のコミュニティに対して行われた最近の調査でも示されているように、このことは何年たってもまだ変わっていません。「エリヤ会」が行った現地調査によると、多くの日本人が自分たちの地域で教会礼拝が行われていても、そのキリスト教会の存在に全く気づいていません（エリヤ会 2009 : 445)。クラッシュジャパン（CRASH）の調査によると、東京にある教会のおよそ六〇％は地域のコミュニティや近隣の諸教会とのつながりがないと報告されています。

教会が文化的に見当違いである一つの理由として、教会が時代遅れで、数十年前では適切であったやり方や型を今でも続けていることが挙げられます。未信者がたいていまず最初に訪れる礼拝は、新来者や求道者に対してあまり敏感ではありません。教会は変化のない博物館でとどまるのではなく、絶えず成長するものである必要があります。創造的で、文化や地域の必要に適応しているものはあまりないので、外部の人にとって魅力はほとんどありません。私たちの礼拝や集会をもっと喜びに満ち、開放的で、柔軟性のあるものにする必要があります（デール 1996, 13)。

結果的には、日本の教会の大部分が時代遅れで、自分たちの地域社会においてつながりに欠けています。イエスはご自分の民を地の塩、世の光となるように召されました（マタイ5章13〜16節)。教会は移植されて立派に育つ木ではなく、鉢植えの発育不良の盆栽のように見えてしまっているのです。

しかし以下のように、教会が地域社会とつながり、適切な関係を上手に保っているような例が存在していることは励ましになります。

- 多くの教会リーダーたちは日本の教会が人々をひきつける伝道モデルの長所と短所を評価してきました。人々が参加したがるような教会でのイベントを計画すると同時に、教会は「教会」が地域に出て行くようなプログラムを発展させています。多くの教会が、子どもたち、若者、母親、ビジネスマン、大人たちへのアウトリーチとして、地域のコミュニティセンターや、コーヒーショップ、または他の中立な場所などを用いて、セミナーや、サークル・クラブ、アートワークショップ、また英会話教室のようなものを開いています。
- 様々な教会がそれぞれの地域と、その地域の必要性を満たすような適切なアウトリーチによってつながっています。そのような例としては、放課後のプログラム、高齢者用のデイケア施設、精神的な問題を抱える人々のケア、夫婦や親のためのカウンセリング、ひきこもりの親子のためのケアが見られます。このような問題以外にも、さらに多くの必要性が教会全体によって探索され、発見される必要があります。
- 最近の国家的な自然災害によって、教会は地域社会における宣教の働きに従事する意識に目覚めました。神戸地域の阪神大震災（一九九五）の大被害によって、多くのクリスチャンたちは教会への理解の変換、すなわち教会の地域との関係性、また国レベルの災害時における援助への動員準備という役割を持つ存在であるという意識の変換を強いられました。二〇一一年の東日本大震災のトリプル災害の後には、被災地の外部から多くの教会がボランティアチームを派遣し、被災者たちのために支援活動を行いました。このような教会員たちは、自分たちの教会の外部の人たちの必要を敏感に感じるようになり、また自分たちの地域社会の人々に同じようにつながりたいという強い思いを持って教会に戻ってきました。災害支援ミニストリーについては第4章でさらに詳しく見ていきます。

- 日本にはつい最近紹介されたばかりですが、教会の「宣教的コミュニティ」モデルの早期採用例の存在も励みとなります。地域社会において生活圏の人々とつながりを持つ目的で教会のファミリーを発展させることは、教会が関係性を持つという点で大きな期待を持つことができます。

それぞれの地域教会は、その置かれた状況で、文化的なつながりと文脈化に対して注げる労力に限界があります。大事なことは、教会のための新しい皮袋（ルカ5章37〜38節）を模索しながら真理を保つことです。変革された教会は常に変革を体験し、その地域社会に愛をもってつながりを持ち続け、宣教において外向き志向であり続けます。それぞれの教会が、文化に影響を与え、それに変換を与えられるような関係性を持てる地域社会の必要を、少なくとも一つ見つけられることができますように。

全人的な弟子訓練

第四に、日本の信徒たちは、喜びに満ち、情熱的な福音の受肉として建て上げられる必要があります。

福音はキリストをいまだ信じていない人々にとって神の救いを約束する良き知らせであるだけではなく、信徒たちにとっても継続する成長と変革の力を与えてくれる約束のメッセージでもあるのです。個人的な刷新は、私たちが生活する地域社会を変革する源となります。日本の文化の中でこの福音と歩むことは、それぞれの信徒にとって多くのユニークなチャレンジをもたらします。

日本の集団主義的な文化は、集団の期待に対する個人の従順を要求します。日本はまた階層的な文化を持っているので、個人は集団のために、特に上司たちや年配者たちのために外面的にふるまうように義務づけられます。この社会的義務感は、日本のあらゆる対人関係に絶えず働きかけ、宗教の一側面となっています。これによって、特に律法主義と完璧主義が奨励され教えられている教会では、外面的な勤勉さによって疲れ果ててしまうクリスチャンたちもいます。聖書的な恵みの福音の適用がない、このような自己形成の忍耐のもとでは、彼らは神と他の信徒たちの前で良く見られるために、「もっとがんばる」道を歩まざるを得なくなります。

神の要求と律法を守る際に、弟子たちは無律法主義と律法主義の両方の誤りを避ける必要があります。福音の恵みは、信徒がさらに深い聖化と従順において歩むことができるように、罪の罰からの救いと罪の持つ力からの解放の両方を含んでいます。クリスチャンは、神の驚くほどの愛と恵みをさらに深く理解することから生まれる解放を体験し、神に従う動機が与えられ、またさらに成長するようになります。神の好意を受けるためだけに外面的に聖書の命令に従うのとは違い、恵みは、外側の変化をより起こさせる力を持つ、心の深いレベルでの従順を生み出します。この内側の心の動機は人々の信仰を、内在する神の聖霊と、聖霊の導き、刷新、整え、満たし、教え、そして力づけへと拠り頼むようにさせます。

周囲の期待に自分を合わせ、受け入れてもらわなければならないという考えは、日本の指導者たちにとっても重荷となり、たいてい自分の身を守るために働きにおいて危険を冒すことを避けるようにさせます。また、次善の策に落ち着いたり、働きを辞めるかどうかの瀬戸際にいたりする人たちもいます。クリスチャンのリーダーや働き人にとって、表向きの「宣教の成功」の欠如が生活上のエネルギーを消耗させ、キリストの働きによってのみ私たちが義とされ、神の御前に受け入れられているという福音の真理に基づくのではなく、神は自分たちの献身と努力だけを喜ばれると信じてしまうようなパターンに陥ってしまいます。

日本の文化の中では少数派であるため、多くのクリスチャンたちは他の人たちから社会的に受け入れられることに葛藤し、神の養子として神に愛されているという独特な霊的アイデンティティをしばしば受け付けないことがあります。信仰による義認によって受けた義の贈り物によって神の御前に自分は価値ある存在である、という思いを失わせてしまうこともあります。さらにこの葛藤は、キリストの福音の惜しみない約束から生じるクリスチャンの心の喜びをも消滅させてしまいます。

このように潜在する霊的形成や魂の内側の問題は、日本人のクリスチャンたちの間で多くの人間関係の問題に現れます。ある人たちは、夫婦、親、子ども、親戚との関係、または教会生活に影響を与えてしまう、赦そうとしない心を持っています。また他の人は、神の御子との一致によってもたらされた神による承認ではなく、人からの承認を求めようと執拗に駆り立てられる思いを持っています。

世界の集団主義的な文化の多くは、個人に対して非常に支援的です。しかし日本においては、集団主義の暗部が集団からの圧力に起因する過労死、家庭内暴力、アルコール依存、または多くの人々が精神病、不安障害、鬱、自殺に陥ってしまうという形で明らかにされることが多くあります。

日本人が教会員になるのは非常に敷居が高いです。教会員になった後でも、このような新しい信徒たちが何か失敗を犯し、面目を失うと、恥から名誉を守るための唯一の道は、ただやめるか、「教会の裏口から出て行く」ことです。また執拗な社会的圧力に屈して、信仰を離れてしまう日本人もいます。ある調査によると、日本人口のおよそ一～二％は「キリスト教から卒業した」と報告されています。マクルキンは、「洗礼を受けた人たちの八〇％は十年以内に姿を消す」と考えています（McQuilken 2007,50）。このような人たちは、ある時点では教会礼拝に出席し、教会では「求道者」として登録され、その多くは信者として洗礼を受けることさえしますが、徐々にキリスト教から離れてしまいます。

日本最大の神学校の元学長である松永の調査報告では、洗礼を受けた後二・八年を超えて活動的なクリスチャンとして残る者はほとんどいないとしています。そして牧会ケア、育成、クリスチャン生活の訓練のために、より多くの努力が必要であると主張しています（Matsunaga 1999, 299）。要するに、教会に入る敷居が非常に高い感じがありますが、裏口から出て行くことも比較的簡単なようです。理想的にはその反対であるべきです。

日本の文化の中において、強く、さらに全人的な弟子を訓練するためのいくつかの提案がすでになされています。

キリスト教の知識だけではなく、ライフスタイルとしての弟子訓練の実演

キリスト教が日本に紹介された初期に、宣教師たちは教会を開拓する際に「学校アプローチ」を用いました。多くの生徒たちや教養のある者たちは、講義、討論、学びの場を用いたアプローチによって伝道されました（山森 1974, 有賀訳 1985:76 以下同）。この「学校としての教会」アプローチは、キリスト教主義学校と関係して、今日の日本の教会にも多大な影響を与え続けています（Miyamoto 2008, 160）。多くの信徒たちや未信者さえも、弟子訓練と教会（「教」える「会」と書く）を単に多くの情報を習得する場所として見ています。

弟子訓練は、単に知識を加えてより宗教的になるための誘いではなく、よみがえられたキリストに従っていく個人的な旅路への誘いであるべきです。弟子訓練とは、神との深い交わりを持ち、御霊によって歩み、旅路の途中で学んだことを生活に適用していくものです。イエスは弟子たちに「わたしがあなたがたに命じておいた、すべてのことを守るように」他の弟子たちに教えるよう命じられました（マタイ28章20節）。弟子たちはクリスチャン生活を、職場、地域社会、そして学校で適用しながら、徹底的に生き抜くようにと命令されたので

す。弟子訓練は人生のあらゆる側面に適用されるべきです。イエスがより体験的で実践的な宗教であることを期待されているのに対し、日本のキリスト教は論理的すぎて、実践的ではないと多くの人々が感じていることは、非常に残念なことです。これが体験的な宗教を強調する教会やムーブメントが急速に成長している理由の一つかもしれません。

内面的な霊的生活のための神学基礎の養い

多くの人にとって、日本においてイエスに従う道は恵みの福音によるのではなく、律法主義、道徳主義、また極端な意味では分離主義などによって助長された外面的な行動と見なされています。日本のクリスチャン生活は、軽率にも「暗い」、「堅い」、「厳しい」の３Kだと思われています。多くの信徒や教会は、「私たちの主であり、救い主であるイエス・キリストの恵みと知識において成長」（第二ペテロ３章18節）するために、心の内面的な霊的生活を再び養う必要があります。

イエスは地上において、神に完全に従い、人々に仕える神のみこころにかなう人生を送ることに成功しました。十字架において、私たちの恥と汚れを完全に取り除きました。イエスの完璧な義が信仰によって私たちのものとなったので、私たちは恥や拒絶を恐れる必要はありません。十字架上のキリストの死と復活を信じる信徒の信仰が、継続的な悔い改めと聖霊への信頼によって、キリストにある解放と喜びをもたらします。これらの真理は個人の失敗を克服させ、感謝、変革へと導く砕かれた思い、へりくだりにおける成長を促します。このあわれみに満ちた福音は、他の人たちを赦し、問題を解決し、平和をもたらすことを通して他の人たちを愛するための、信徒たちの源となっています。

内面的な霊的生活に悪影響を与える日本の文化的信念に闇雲に従う代わりに、人生を変革させる福音の力（ローマ人1章16節）を適用させることによって、クリスチャンたちは、冷え切った行いを心温まる従順に変え、根性ではなく、ただ信仰だけによって耐え忍ぶことを学び、心のこもらない義理を完全な恵みに置き換えることを学んでいきます。このような霊的形成における神学的真理を統合させることで、内面的な生活の動機を養い、真の喜びと希望が、自分の集団への外面的な調和によるのではなく、キリストだけに見出されるようになるのです。

すべての信徒が、砕かれる思いや失敗を体験し神と人との両方からの赦しを必要としています。ですから、すべての信徒は継続的に神のあわれみに頼らなければなりません。弟子として成長することは、単に知識を増やし、また外面的な行いが変革されるだけではなく、聖霊による罪の自覚と聖化による内面的な変革を体験することでもあるのです。この内側から外側に現れる変革はリーダーたちによる模範を通して、福音共同体に属するすべての信徒の生活において実現されるべきです。

コーチングとメンタリングによる弟子訓練

多くの日本の教会では弟子訓練の過程は限られており、洗礼準備クラス以降の学びや訓練を提供する教会はほとんどありません。さらに多くの弟子訓練が必要とされていますが、より必要なのは、教会のリーダーたちが個人的な関係に基づいたコーチングやメンタリングを通して弟子を育てることです（マタイ28章18節）。単に教えるだけでなく、メンタリングをするというリーダーたちの重要な役割は、新しくまた若い信徒たちをメンタリングし、教え、コーチングをする人たちをさらに多く育てるところまで拡大されるべきです。宣教の働きのために動員されることがないために、裏口から出て行ってしまうのではないでしょうか？弟子たちを、一対一の弟子訓練や、人生変革のための小グループや、牧会ケア、責任を負い合う関係、霊的成長などのためのセルグループなどを通して訓練することができます。コーチングやメンタリングができる多くの成熟した弟子たちが不可欠です。

依存的でない成長を目指す

それぞれの弟子は、特に教役者などの他の人たちからの霊的なケアや養育に常に依存するのではなく、自分で成長し、成熟し、仕えることを学ぶ必要があります。このような信徒たちが学び、成長するためには、祈りや、聖書の学び、また言葉と行いによって自分の信仰を証しすることによる内面的な鍛錬を育む必要があります。弟子たちは教会で受け身的な見物人ではなく、神に与えられた宣教の働きに自分たちの賜物を生かして積極的に参加する協力者なのです。これらすべてのことは、互いに思いやる信徒たちの集まりによって活性化されます。

人生が変革されるクリスチャンの共同体の展開

人々の信仰を励まし、落胆と戦い、イエスへの信頼を高めるために、それぞれの弟子たちはクリスチャンの共同体（ヘブル10章24～25節）を必要としています。成長する信徒は、共同体に積極的に参加することによって自身の霊的刷新に貢献するだけでなく、共同体そのものも同様に刷新させます。真の人間関係、深い弟子訓練、ダイナミックな教会生活、そして価値のある宣教の働きに参加するあらゆる信徒たちによって、人々が裏口から教会を去ることは困難になるでしょう。

支援的な構造を持つ意味深い人間関係に基づいた熱心な福音中心の霊性のみが、日本での弟子訓練におけるこのような問題を覆すことができます。拡大し続ける人間関係において信徒たちが成長し、恵みあふれる生活によって人々に伝道するような全人的な弟子訓練を行う教会もすでにいくつか存在しています。このようなことは教会のリーダーたちの模範によって始まります。日本の大多数の教会は生物学的成長によってのみ成長し、年間洗礼者数は一人のみです。しかし熱心な信徒たちの教会は、伝道とあわれみのアウトリーチを通して、未信者の日本人たちと非常に自然につながることができます。全人的に成長した弟子たちは、家族全体に伝道できるようによりよく整えられ、その結果、共同体全体を変革させることができます。福音は個人、共同体、そして文化に救いをもたらすことができ（Jennings 2008, 44-45）、弟子と教会をより強く、またより全人的にすることができるのです（コロサイ1章16節）。

他者と一致するパートナーシップ

第五に、日本の教会は、地域社会における重要な伝道の働きにおいてパートナーを組み、一致を示す必要があります。

日本の教会は深い一致に欠けており、世界でも最も互いに分離された教会の集まりの一つだと言われています。教会の不一致は、主イエスと御国に対する忠誠心を差し置いて、日本人が他のグループに対抗して一つのグループだけに示す過度の熱狂や忠誠心によってたきつけられることがあります。このような問題は、個人が自分のグループに対して最高の忠誠心と敬意を示す日本人の集団主義によっても煽られます（デール、1996：19）。典型的な日本の教会は小さいので（平均三五人）、多くの教会は内向きになり、敵に包囲された要塞のような感覚にとらわれてしまっています。大多数の教会は自分たちのグループや教団教派以外の教会と協力したり、パートナー関係を結んだりすることに興味を示しません。

以下の四つの大きなグループの間で、長期間にわたる分断が継続されています。（1）戦前に日本政府による宗教団体法によって主流のプロテスタント教派が強制的に合同させられた日本基督教団、（2）一九六八年に創設され、一九八六年に再編成された日本福音同盟（JEA）に属する福音派の教団教派、（3）一九九六年に結成された日本リバイバル同盟（NRA）に属する聖霊派の教団教派、（4）一九九八年に結成された日本ペンテコステ協議会に属する教団教派。これらのうち三つのグループは独自の新聞や雑誌を発行し、また三つのグループは教団教派に基づいて正式なメンバーシップを有しています（Anderson 2013, 411; Hymes 2016, 167–68 参照）。

個人的な忠誠心は、時には教会の一致への進歩を押しやってしまいます。戦時中に政府からの圧力を受けた個人、教会、教団教派の中でクリスチャンとしての信仰を妥協してしまった人たちもいました。妥協しなかった人たちの中には霊的高慢のために妥協した人たちに憤る人々もいました。年月を越えて、個人、リーダーたち、グループの間で未解決の中傷問題や対立などが発生してしまったことは疑いがありません。あるところでは引き続き、不信感、競争心、分裂、分派、党派心（ガラテヤ5章20節）、そして他の教会やミニストリーに対する尊敬の念の欠如が残ってしまっています。長い目で見ると、このようなことが伝道や御国の前進を妨げてしまうのです。

いくつかの教会が共に働いて、地元地域の伝道イベントを共催することが例として見られるようになり、定期的に行われるようにもなりました。このような協力関係は一致への最初の必要な段階として継続される必要があります。しかし、望まれることは、ただ教会が仲良くやっているだけではなく、地域社会において神の民全体の働きが示されることです。私たちは、教会と、信仰と、三位一体の神にある一致によって、「平和の絆で結ばれて、御霊による一致を熱心に保」（エペソ4章3節）つように忠告されています。日本の集団的で階層的な文化において個人的な対立などの問題を解決するために、どれほど困難であっても、聖書的な原則が常に適用されることが必要です。過去の罪や罪過を寛大に見て、赦す必要があります。日本ではあまり聖書的に行われていない和解と赦しが、リーダーたちの間で、教会間で、またグループの間で実証される必要があるように思われます。私たちはキリストにあって一つであり（エペソ4章4～6節）、どのような時でも「謙遜と柔和の限りを尽くし、寛容を示し、愛をもって互いに忍び合」（エペソ4章2節）う必要があるからです。

ほとんどの教会のサイズは小さいので、数によって力を得、チームワークによって相互の励ましを受け、未信者の共同体に対して一致のメッセージを届けるために、教会は他の教会と手を結ぶ必要があります。これによって、自分たちのグループを超え、町を超えて、地域全体のネットワークや同盟を組み、励ましや交わりを受けるだけでなく、真の宣教のパートナーシップを実証するのです。

一致は正しい理由のもとに求められるもので、適切な原則に基づくものです。単に一致のために一致が必要なのではなく、また相手の神学的観点や歴史的独創性を薄めるために一致が必要なのではありません。一致によって重要な教義が妥協されるのでもなければ、小さな教義上の違いを大きく強調しようとするのでもありません。キリストにあって互いに尊敬し合うような一致や、ローザンヌ誓約のように歓迎された共通の同意を支持する一致などが非常に重要です。一致は宣教における比較、調和、また一様性に基づくものでもありません。一致は地域社会における宣教の共通のビジョンや共通の結果に焦点を合わせるものです。このようにして、町全体や、地域全体が宣教の働きに関われるようになるのです。

相互の認識、寛容さ、信頼、そして尊敬を土台にして一体化された宣教の働きを例証する地域パートナーシップの模範例がいくつか存在します。神奈川県相模原市は人口八〇万人以上の東京と横浜地域の大きな郊外住宅地です。ここでは二三の教会がパートナーシップを組んで、若者伝道、高齢者のためのデイケア施設、聖書学校、そして協調された伝道活動に取り組んでいます。この町の数人の牧師たちの心とビジョンによって励まされ、このパートナーシップは四十年以上も続いています。

二〇一一年のトリプル災害の後、東北地方の伝道も究極的な変革を体験しています。普段は互いに会話さえなかった諸教会やグループが、被災者たちの危機的な必要を満たすために共に助け合いました。これによって宣教のパートナーシップへの新しい基盤が築かれることになりました。今日、「宮城宣教ネットワーク（ＭＭＮ）」は宮城県全体において教会や宣教団体などが宣教のパートナーシップを構築できるように助けています（第4章参照）。この一致によるパートナーシップ構築の同じ思いが、被災地域全体に広がり、他の二つの県を含めた三つの県を結ぶネットワークへと拡大されました。

しかし、キリストが教会に与えられた宣教協力を教会が理解するのに、大きな自然災害が必ずしも必要なのではありません。教会の一致は三位一体の神の一致と並行するものであり、その一致を示すことは、私たち皆のためのキリストの働きの大きな証しでもあります（ヨハネ17章20～22節）。この宣教における一致は、ビジョンを推進し、それぞれの教会の置かれた地域の背景における宣教への関わりを刺激します。

教会による宣教の回復

第六に、日本の教会は守りの要塞という見方を離れて宣教志向になる必要があります。日本の地域教会の典型的な特徴は、防御的で、守備的であると言えるでしょう。この姿勢により教会は現状維持を続け、守りの要塞の考え方と大して違わない、生き残ることを求める性質を育ててしまいます。日本語の「礼拝を守る」という表現にその考え方が表れています。「教会をする（doing church）」や「教会になる（being church）」と言う代わりに、守りの姿勢にとどまる教会の停滞的な性質が存在しているのです。

教会は要塞であるという考え方は、日本の集団主義や日本の教会が少数派であることに由来していると言えます。日本で急速に成長している新宗教を調査したデールは、「教会はあまりにも閉鎖的な傾向があり、『古参者』たちが親密な関係を楽しんでいるだけで、教会堂の四方の壁を越えて外に伝道していくことがない。集団主義の文化によって、自分たち中心の排他的なグループになっている」と観察しています（デール、1996 : 16）。社会的に見ると、教会は内向きな小集団になっています。三谷は教会が「仲良しクラブ」となっているとし、教会が人口の一％の壁を破れない重要な理由としています（三谷、2007：9）。集団の意見の一致や集団の調和が最重要となっている他の多くの社会のように、また家族全体がキリストに従う者であることがほとんどない社会のように、クリスチャンたちは絶え間ない社会的プレッシャーを感じています。そのため日本人の信徒たちは、社会での立場を反映する劣等感を抱いてしまいます。

また要塞という考え方のもう一つの原因は、キリスト教を西洋文化として強くあがめているところにあります。ヨーロッパや北米から紹介されたキリスト教は、地域の教区、確立された聖職者、与えられた地域における宣教の維持というような支配的な見方を引き継いでいます。しかし東洋の国である日本は、ほとんどの人がキリスト教世界に満足しているような西洋の教会とは完全に異なっています。日本では、キリスト教は比較的無関心な環境における少数派の宗教です。キリスト教世界において現状維持に満足する姿勢を持つ代わりに、より適切な姿勢すなわち対抗文化的で、日本独特のクリスチャン文化を発展させるべきです。

教会はまだメンバーとなっていない人々のためにも存在しています。地域教会は、クラブではなく、霊的な共同体、霊的な家族として継続的に新しい人々を信仰に導き、仲間にしていく、神の民の集まりです。日本の教会の宣教に関して、いくつかの修正すべきことについての提案を述べます。

• 教会は内向きの姿勢を逆転させる必要があります。「集合」から「散在」に、「集客」から「派遣」に、「教会に人々を連れて来る」から「教会を地域に連れ出す」へと方向性を変える必要があるのです。自己満足の守備的な姿勢から外向きの宣教的志向へと逆転を体験する教会が、日本中にいくつか存在します。日本で教会を再生産しているある牧師は、自分たちの宣教理念を以下のように説明しています。「教会内で多忙になるのではなく、教会外での活動を増やしています……外に出て行けば、宣教の場など多く見つかるのです」（メイン、2010：112）

• 防御的、または守備的になる代わりに、教会は攻撃的な姿勢を持つべきです。イエスは「わたしはこの岩の上に、わたしの教会を建てます。よみの門もそれに打ち勝つことはできません」と言われました（マタイ16章18節）。イエスは「ハデスの門」にもかかわらず、教会が建てられるべきだと断言しています。このような門は防御のためのもので、元来攻撃のためのものではありません。キリストが建てる教会が攻撃的にハデスの門に打ち勝ち、教会は前進していきます。教会の他のたとえである、神の聖なる宮としての教会（エペソ2章20～21節）は、とどめることのできない成長を意味しています。

• 教会の役割は、変革と地域への関わりへと向かって進む必要があります。日本文化は明確な規範を強要し、規範から逸脱するものに対して確実に制裁を与えるので（Chan 他

1996, 2）、日本は「固く縛られた文化」として知られています（Chan 他 1996, 1）。そのため日本において変化は普通になされるものではなく、変化が起こるとしても、非常にゆっくりと起こります。教会は変化をもたらす媒介であり、このような文化の流れに立ち向かわなければなりません。みことばを宣べ伝え、愛の行いを実践することによって、地域社会への関わりが起きる必要もあります。日本は「固く縛られた文化」のため、危険を冒したり、大胆なことをしたり、革新をもたらしたりすることは奨励されません（Chan 他 1996, 5）。そのため、もっと聖書的に一貫性を持つためには、教会はこのような危険や関わりの傾向に対して抵抗する必要があるのです。通常は何かに反応して動くような教会も、地域社会に積極的に関わり、変化をもたらす媒介へと逆転しなければなりません。教会は個人の、そして社会の変化の可能性に目を向ける必要があるのです。

- 各教会は「さらに大きな」教会になる必要があります。自分たちだけの小さな交わりを超える必要があるのです。地域教会は相互依存関係を持つように意図されています。少数派であるという劣等感は、他のクリスチャンたちと共に礼拝したり、共に宣教の働きに従事したりすることによって克服することができます。大きな働きのイベントを通して個々のクリスチャンは孤独ではないと励まされ、自分たちのようなクリスチャンはもっと多く存在することを知ります。このようなことは合同礼拝や、教団教派の集まり、またネットワークの集まりなどで体験できます。すでに述べたように、教会はこのような集まりを同じ地域内で、またさらに広い地域で行うことができます。このような種類の神の御国のつながりは、互いの励ましや刺激のために、組織的にではなく、おもに関係を通して持たれるべきです。

小さい少数派である教会は外向きになり、防御的から攻撃的な態度を持つべきです。教会の目的は安定性や生存ではありません。教会はただ生き残るためではなく、神、福音、教会に与えられた多くの約束によって成長するために存在しています。日本の文化は、教会の聖書的な性質とは全く対照的な調和と安定性を求める傾向があります。このように教会の方向性と考え方を変えることによって、教会による宣教を回復し、地域社会と関わりを持ち、個人、教会、そして地域が福音による変革を体験し、教会が健全に成長するようになり、弟子たち、リーダーたち、そして教会がさらに生み出されるようになるのです。

教会に関するまとめ

日本の既存の教会の概要を説明してきました。日本の既存の教会のある点において励ましを受けた方もいると思いますが、同時に、全体的な評価に関して心配に思う方もいることでしょう。日本の教会は多くの地域において減少しており、全体的に見ても現状維持すら困難な状態です。四十五年前にブラウンが観察した結果とほとんど変わらない結果が今でも見られます。「礼拝出席者の数や予算のサイズにかかわらず、近隣の共同体から新しい信徒による会衆を起こすことができない教会は、霊的に貧弱だと言えます」（Braun 1971, 93）。教会が健康になり、成長するために、多くのリバイバルや教会の刷新が起きなければならないのです。

本書は日本という土壌に、教会開拓ムーブメントによって教会を再生産し、増殖させることに関するものです。これは、新しい教会、刷新した教会、また新たにビジョンを受けた教会が大宣教命令の任務を実行することを意味します。現状に「聖なる不満」を抱いているので、この本では福音への応答へのチャレンジやわずかな教会成長に関して引き続き取り組んでいきます。歴史上のハイライトに関してじっくり考慮した後に、後の章では教会の再生産の効果的なモデルに関して（第５章）、また再生産のためのリーダーシップに関して（第６章）触れていきます。そこでは日本の教会の実際の長所をどのように見出し、また再発見していくかについて繰り返し問いかけていきます。

教会が一般の日本人とつながっていないので、さらに急進的なアプローチが必要だと感じているリーダーたちもいます。そして、教会が健全に教会を増殖させる状態にまでたどり着くための広範囲に及ぶ改革には時間がかかりすぎると強く主張しています。あるリーダーたちはそのような急進的なアプローチを実践するには既存の教会を無視し、全く新しいムーブメントを始めると言っており、また他のリーダーたちは教会の刷新と変化に対して意図的な計画を持って忍耐強く待つと言っています。急進的なアプローチを推進する者たちはムーブメントにまで成長する、さらにふさわしい教会を開拓することを支持してきました。ですから、彼らは以下のことを推奨しています。

どこかですでに失敗しているような構造を持ったものを再現する代わりに、新しい構造の教会を生み出すことです。教会開拓は、福音のメッセージに非常に抵抗的な文化に対するチャレンジに新しい答えを持って挑む、真に宣教的な教会になるとはどういう意味を持つかを探索する機会を提供するのです（Robinson and Christine 1992, 9）。

日本の既存の教会の状態に対して、また何がなされるかに関してどのような思いを持っているとしても、私たちはみな教会の現状の理解と「聖なる不満」において一致する必要があると思います。

1　失望せずに、ただ日本の文化と霊的風土に責任を負わせるべきです。

2　個人の刷新と、集団としての教会の刷新が必要であることを謙虚に認めるべきです。

3　教会は文化に対してただ反応するだけではなく、文化を変える媒介として召されていることを再確認するべきです。
4　日本においてキリストの大宣教命令を成就するために、教会が健康で、成長し、再生産し、また増殖していることを確実にするべきです。
5　既存の教会にリバイバルと変革をもたらすために、どのような優先事項と献身が必要か問うべきです。
6　希望を持って、共有する目的のために神に信頼するべきです。

私たちは神が教会に意図していることを覚えておかなければなりません。「どうか、私たちのうちに働く御力によって、私たちが願うところ、思うところのすべてをはるかに超えて行うことのできる方に、教会において、またキリスト・イエスにあって、栄光が、世々限りなく、とこしえまでもありますように。アーメン」（エペソ3章20～21節）。

日本の土壌への福音の浸透

ローザンヌ運動の前総裁であるダグラス・バーゼルは以下のように主張しています。「福音の種が豊富に蒔かれたのに控えめな収穫しかなかったような国は世界中にどこにもない」(Foxwell-Barajas 2012, 17)。日本の土壌においては、これまで多くの献身的な働きが行われてきたにもかかわらず、福音の浸透があまり見られていません。多くの理由を潜在的に挙げることができますが、これまでの二章で三つの大きな理由を取り上げました。日本の文化は福音を提示する際に非常に独特であるので、福音を文脈化するためには多大な努力が必要とされます。真の霊的抵抗と戦いのためには多くの祈りのムーブメントが日本のために結集される必要があります。既存の教会が与えられていることに神に感謝せずにはいられませんが、多くの教会がリバイバルを体験し、さらに宣教的で、再生産的な教会に変えられる必要があることも認めざるを得ません。これらの問題に関しては後の章で詳しく検討していきます。

次の第3章では、教会の歴史のスナップ写真に目を向け、戦略やムーブメントに関連した宣教の成功に関係する原則を探り出していきます。これまでに考察してきた問題の多くは過去と現在の両方のリーダーたちによって取り組まれてきたものです。過去と現在のリーダーたちによる希望の光は、教会がどのように戦略的な見解や実践に根ざしていたかを照らしています。

第3章　日本の宗教ムーブメント

本書の目的は日本の土壌において教会を増殖する機会を探索することです。日本の文脈に即した福音は、教会の健康を促し、教会の成長と増殖をもたらします。この章では、明治時代（一八六八～一九一二年）から現在までの教会と社会の変遷を見ていきます。成長している教会ムーブメントとキリスト教が社会にどのように取り組んできたかに関する、簡単な概観を示します。また、日本におけるクリスチャンとクリスチャン以外の社会ムーブメント、そして宗教ムーブメントを紹介します。それらが教会の増殖に関係するからです。

はじめに

日本の教会の歴史を通して、教会を開拓した多くのムーブメント、ミニストリー、ネットワークが存在してきました。前述のとおり、日本のキリスト教は十六世紀にローマ・カトリック教会によってもたらされました。長期間の迫害と疎外の後、一八五九年以降、日本でキリスト教宣教の新しいうねりが起こりました。それ以来、北アメリカとヨーロッパのプロテスタント教会に加えて、ローマ・カトリック教会やロシア正教が教会を開拓し始めました。第二次世界大戦後にも別の大きな教会開拓の波が押し寄せています。

教会開拓と教会開拓ムーブメントにおける戦略の原則に関する洞察を得るために、明治時代以降の教会開拓を見ていきます。この非常に独特な歴史的状況をさかのぼって考察することによって、日本に刷新的な教会を開拓することへの新しい考えや新鮮な洞察と考察がもたらされることを願っています。歴史が教える教訓から適用について学ぶことが、今日でもできるはずです。後の章で、現在起きている効果的な教会開拓とリーダーシップのモデルを詳しく見ていきますが、ここではまず、日本における教会開拓の歴史的側面を探索していきます。

ニコライによる土着化した教会開拓

「ニコライの生涯とその成果を見ると、近代のもっとも偉大な宣教師の一人だと認めざるを得ません」(Drummond 1971, 354)。彼は確かに並外れた宣教師であり、教会開拓者であり、リーダーの育成者でした。「プロテスタント宣教の低成長と際立って対照的なのが、ロシア人の宣教師であるニコライの下で急成長した正教会です」（Braun 1971, 117）。ニコライが回心に導いた人々の数と育成した日本人のリーダーたちの数は、同時期のプロテスタント教会とカトリック教会による数の合計を上回っていました（Braun 1971, 117–118; Mullins 1998, 30–31; Kharin 2014, xi）。一九一二年にニコライが没した時点で、彼の六十年間の教会開拓者としての業績は、「二つの大聖堂、七つの教会、二七六の礼拝堂、一七五の家庭集会所、三四人の司祭、八人の輔祭、一一五人の伝教者、そして三万四一一〇人の信徒たちでした」（Naganawa 2003, 122）。日本正教会は現在、それほど大きなグループではありませんが、ニコライの宣教の原則と実践から学べる多くの教訓があります。

第一に、ニコライ・カサートキンは日本の言語と文化を学ぶことに専心していました。一八六一年、サンクトペテルブルグから新しい着任地である函館への移動時に、ニコライは冬の悪天候により足止めを食らい、その時にアラスカへ帰還途中のベテラン宣教師であるインノケンティ主教（ヴァニアミノフ）と出会いました。インノケンティはニコライに日本の言語、歴史、宗教、道徳観などを専心して学ぶように説得しました（Kharin 2014, 36）。ニコライはこの指導を真剣に受け止め、函館の領事館付属礼拝堂司祭としての立場を生かして八年間、日本語を熱心に学びました（Kharin 2014, 117）。そして、宣教師としての働きを通じて、日本の言語と文化を学び、尊重し、維持し続けました（Kharin 2014, 208-9）。「彼の学びは日本語の熟達を助けただけでなく、日本人と文化の理解を深め、それにより正教会の宣教が急速に土着化し、優れた日本人のリーダーたちの育成が可能になりました（Drummond 1971, 341）。

第二に、教会増殖のための土着化の原則に熱心に取り組んでいました。ニコライは外部からの金銭的支援や人的支援にほとんど頼らずに教会の土着化を推奨する正教会の宣教原則に強く献身し、また実践することで宣教を始めました（Naganawa 2003, 123-24）。「日本における正教会のすべての歴史の中で四人以上の外国人が働きに従事していることはありませんでした」（Stamoolis 1986, 36）。現地の者によるリーダーシップと主導権をさらに成長させるために、宣教師全員が「受肉的なアプローチを採用し」、働きの中で与えられた資源にのみ頼り、質素に生活を送っていました（Stamoolis 1986, 63）。

最初から、ニコライはロシアと日本の政府の間に緊張が高まることを予見し、そのためロシアの政治的な狙いや掛かり合いから離れることを望んでいました。自分の母国であるロシアへの思いを断った彼は他のほとんどの正教会の同労者たちとは異なりましたが、土着化した日本の教会を強く信じていました。

ニコライは最初から自分の教会がロシア正教会から独立すべきで、真の日本の教会になることを意図していました。彼が最後まで強調したことは、日本人のリーダーシップを整えることと、日本人による日本の伝道、教会運営における信徒の積極的な参加にありました（Braun 1971, 117）。

第三に、伝道に全信徒を完全動員することを主張していました。現地の資源に基づいた宣教の働きを増殖させるというニコライの計画は、すべての回心者が伝道に積極的に参加することを意味していました。これによって、大規模な宣教師の助けに頼ることなく、福音を学んだ者自身によって福音が伝えられていくことが可能になりました（Stamoolis 1986, 36）。

第四に、家族全体を伝道の対象としていました。ニコライは、人々をキリストに勝ち取るだけでなく、信仰を継続的に伝播させるために、日本の家族が最も重要であることを見抜いていました。ニコライは「個人だけでなく家族全体を回心させるという独特な視点」を持っており、それが「家族を基盤とする共同体を作る助けとなりました」（Kharin 2014, 38）。このような自己伝播的で教会的に献身した家族が、さらに多くの個人と家族を勝ち取るための鍵となりました（Kharin 2014, 208）。

第五に、ニコライは力強い日本人の働き人を育成することに力を注ぎました。ニコライは二層式のトレーニングシステムを設け、教師やリーダーたちに隔週のコースを、また求道者たちのためには毎週の学びのサークルを提供しました。トレーニングはすべて天主經（主の祈り）や信経（信条）を含む基礎的なカテキズムの学びが含まれていました（Stamoolis 1984, 60）。

ニコライは二種類のリーダーを導入しました。教衆たちは限られた訓練のみを受けたいわゆる「白僧」としての役割を任されていました。白僧は教会内で奉神礼を司りました。教会の全体の働きは、さらに徹底的な訓練を受けた「黒僧」によって行われました。このような柔軟なやり方は、ニコライが牧会ケアを提供できるリーダーたちを素早く増殖することを可能にしました（Braun 1971, 117）。

ニコライは、特に多くの者が人々からの敵対心に耐えていた地方において、使徒的な巡回教会開拓を行う信徒伝教者を大いに活用しました（Naganawa 2003, 131）。ニコライはリーダーたちのために、実践的な宣教を強調する神学校のトレーニングのシステムを提供しました。「ニコライは日本人を司祭として叙聖（叙任）するのに後れを取りませんでした」（Drummond 1971, 344）。

十九世紀後半の高教会としての正教会は、聖職者と信徒との間が明確に定義された分離によって構成されていたと考える人もいるでしょう。しかし、正教会においては、聖職者も信徒も共に、教会全体が教会の神学の番人であり、信徒たちも正教会の運営理事会に積極的に参加しています（Stamoolis 1986, 145n）。十九世紀の正教会のリーダーが万人祭司というプロテスタントの宗教改革の原則と実践を、多くの日本のプロテスタントの教会が普通にする以上に完全に実証していたことは、福音派のプロテスタントとして身の引き締まる思いがします。

ニコライの宣教の実践は、彼の神学だけによってではなく、日本の文脈における具体的な現実によっても伝えられました。これが効果的な伝道、そして土着化した教会とリーダーたちを生み出したのです。

ニコライは素晴らしい弟子であり、他の者たちへのメンターであり、「近代の初期に日本で働いたあらゆる外国人のクリスチャン伝道師の中でも、大主教ニコライだけが本当に数多くの弟子たちを直接育成しました」（Naganawa 2003, 124）。しかし、一九一二年にニコライが逝去した後、彼が残した結実は続けてさらに多くのリーダーたちと教会を生む成長と再生産によって耕されることはなく、日本正教会は徐々に衰退していきました（Braun 1971, 117–18）。

日本ホーリネス教会

日本ホーリネス教会は、チャールズ・カウマン夫妻と中田重治によって導かれた東洋宣教会の伝道を通して発展しました。はじめは超教派であった宣教会は、一九一七年に日本ホーリネス教会となりました（山森 1985：163）。この教会は大きな成長を遂げ、一九一七年に一六〇〇人だった教会員数は、一九三二年には一万九五二三人となり、四六の教会と六四人の牧師が存在するほどになりました（山森 1985：163）。ホーリネス教会の成長だけで初期の主要な五つのプロテスタントの教団教派の成長を合わせたものをしのいでおり、称賛に価するものでした。

山森鉄直はその著書『日本の教会成長』の中で、日本ホーリネス教会の急成長の理由を挙げています。

1　ホーリネス教会は「全家族が一つのまとまりとして回心することを強調することにより、当時の社会構造をたくみに利用し」ました（p181）。山森は、ホーリネス教会は教会の活動にではなく、未信者に焦点を合わせる異なった種類の伝道の方法を用いていたと主張しています。そして「この回心アプローチを、教会に導く経験的、集団志向的方法と定義した。回心者は決定的な宗教体験をし、そのために救いの喜びを内に秘めておくことができなかった。彼は良い知らせを家族や親族、あるいは友人と分け合った。こうして本来は個人的な信仰への応答が、集団的反応を起こすようになった。時には全家族が、あるいは一集団がこぞって教会に加入した」(p178) と説明しています。

2　新しい回心者はすぐに訓練を受け、信仰を他の人々に伝えるように動員された。

3　集会ではリバイバルが期待され、宣べ伝えられ、そのリバイバルが「全教団の霊性を深め、伝道熱を盛り立て」(p182) ていました。

4　未伝の遠隔地に福音を届けるというビジョンを持っていました。しかし、「何ら反応のない固い壁にぶつかると、その方向を転換し、都市部の受け入れやすい人々に強調点を置いた」(p183–184) とされています。

5　ホーリネス教会は伝道と教会開拓のための教職者と一般信徒による「層の厚い指導陣を擁して」(p184) いました。非常に基礎的な条件で教職に就くことができ、「一般信徒も万人祭司説を真剣に受け止めて」(p184) いました。この教会は「一般信徒を総動員させることに最も成功した例である。聖霊に満たされた人であれば職人であっても家庭集会のリーダーになることができたが、このやり方は再三行われて」（p184）いました。

6 ホーリネス教会は「大衆にまで届くための備えが最もよくできていたのであり、事実、大衆から最大の支持を受けたのであった……ブルーカラーや労働者、小企業の経営者とその従業員などを会員とし」（p184）ていました。

7 「中田はそのカリスマ的指導力によって、ホーリネス教会の全信徒が高い達成目標を持つように挑戦した……ホーリネス教会の発展・成功は一に伝道中心の政策によると述べ」（p184）、ある時に百万人のたましいを勝ち取ろうと信徒たちに宣言しました。

この急速な回心と教会の成長の時代の後に、この教会は組織内の大きな分裂と、後の宗教弾圧によって衰退しました。中田重治の終末論の変化、特にユダヤ人の役割に関連した考え方の変化によって、教会は組織内での分裂を体験し、一九三六年に二つのグループに分離しました（Mullins 1998, 105; Ikegami 2003, 132）。一九四二年、政府による宗教弾圧時にホーリネス教会の一〇〇人以上の牧師が逮捕され、多くの教会が閉鎖されました。この牧師たちは後に裁判にかけられ、実刑判決を受け、そのうち数人の指導者たちが獄死しました（Drummond 1971, 268）。ホーリネス系の教会は、この模範的な成長を再び回復することはありませんでした。

山森による初期の教会成長の研究

山森鉄直は、明治時代から第二次世界大戦開始までの期間（一八五九～一九三九）における八つの教団教派に関する詳細な研究を行いました。この研究では、同じ歴史的、社会的、そして文化的な条件の下で、また同じ期間で、急速に成長した教団教派と、成長がより遅い教団教派とを比較しました。結論として、拡大したグループと遅い成長を経験したグループの用いた方法において著しい違いがあり、山森はそれを「へだたり」と呼んでいます（山森 1985：143–148)。

1　最初に宣教師、そして後に日本人教役者などのより多くのリーダーたちを動員することができた教団教派は急成長を経験した。

2　より高度な訓練を受けた教役者たちを有した教団教派は、社会の人々に到達できるような態勢が整えられていた。

3　より多くの教会を有し、社会のより多くの人々と接触できていた教団教派は急成長を経験した。

4　成長した教団教派は、伝道のためのより統括的な計画を持ち、効果があるかどうか実証されていない方法にではなく、実りある伝道方法に、より多くのエネルギーを注ぐことができた。

5　これらの教団教派は、当時キリスト教信仰を受け入れやすい学生や知識階級などの社会の階層に福音を伝えることができた。

6　成長した教団教派は伝道への重荷と教会増殖のＤＮＡを日本人のリーダーたちに受け継ぐことができた。

日本土着のクリスチャンムーブメント

教会成長に関する多くの原則は、日本の土着化されたクリスチャンのムーブメントから学ぶことができます。一九九八年にマーク・マリンズ著の『メイド・イン・ジャパンのキリスト教』が英語版で出版されるまで、このムーブメントに関してはほとんど研究されておらず、それに関して書かれた書籍もほとんどありませんでした。著者による宗教の社会学的研究において、一九〇一年から一九七七年の間に起き、日本に土着化した一三の独立したクリスチャンのムーブメントが実証されています。著者は土着化を、ヘンリー・ベンやルーファス・アンダーソンといった十九世紀の宣教リーダーたちの自給、自治、自伝するものという伝統的な考え方として定義しています（Mullins 2003: 126–127）。内村鑑三から無教会運動まで、マリンズはこれら様々なムーブメントのそれぞれの成長、育成、教え、またリーダーシップなどを強調しています。彼はこれらの土着化したムーブメントを、日本各地に現れた新宗教のクリスチャン版と大して違わないとも見ています。彼は「少なくとも神に召命されていることに対する確信が土着運動にはある。その確信とは、欧米で何世紀もかかってあらわれた国教会や教派的形態に比較しても遜色のない正当性を持ち、日本の文化に即応したキリスト教信仰の表現形態を発展させるよう、神に召命されているという確信である」と述べています（Mullins 2005: 43）。

日本の土壌で教会を増殖させるという点に関して、これらの土着化のムーブメントの社会学的な原則を例証している一つとして〝イエス之御霊教会〟が挙げられます。この宗教団体は「財政的な、または人的支援を海外から全く受けていない完全に土着化した集まり」（Drummond 1971, 283）で、第二次世界大戦後の一九四八年に四三六人だった信者たちが、一九九三年には四三万三一〇八人に急成長しました。二〇〇以上の教会と四〇〇以上の伝道のための家の教会を保有しています（Braun 1971, 172, Mullins 2005, 163）。[8] アンダーソンはこの団体が日本のプロテスタントの教団教派の中で最も大きな教団の一つとなり、「現在では最大のペンテコステ派の教団教派の一つとなっています」と述べています（Anderson 2013, 154）。ブラウンはイエス之御霊教会の急速な成長を、ブラジルや韓国の教会と比較して（Braun 1971, 172）、「日本全国に設立した教会数は、土着運動中最多である」と述べています（Mullins 2005, 136–137）。

この宗教団体は、父親がメソジスト教会の牧師をし、東京の青山学院に通っていた村井ジュンによって誕生しました。自殺を考えていたある時に、村井は聖霊による宗教体験を受けました。村井は学業を離れ、伝道活動を始め、東京で牧師の働きを担うようになりました。一九四一年に台湾の真耶蘇教会を訪ねたのをきっかけに、東京での教会の働きをやめる決心をしました。その場で、村井の妻が新しい教会を始めるとの神からの啓示を見たと報告しています。

この教会のムーブメントはキリスト教の教会だと自認しています。ペンテコステ派の「ワンネス」の教義の影響を受け、この教団はキリストの神性を信じながらも三位一体の神を受け入れません。村井と他の信者たちは日本の民間信仰や死者の問題を扱うことを試み、教会は死者のための身代わりバプテスマを行っています（Braun 1971, 173）。唯一の真の教会であると信じていることは、それが分派であることを定義しています。マリンズはこのムーブメントは「土着化したキリスト教の一派として理解されるべきである」と感じています

(1990:370)。ただし、前記の信仰や実践には深刻な教義上の問題があると信じる者も多く存在します（Hymes 2016, 171-72）。

マリンズはこのムーブメントの全盛期はすでに終わったと感じていますが（2005, 216）、日本の土壌において教会を増殖する方法を理解するために、このムーブメントのいくつかの原則が役に立ちます。

- 宗教と宗教的体験の実用性に目を向ける――この実用性を達成するために、教会は知性主義を拒絶する必要がある（Mullins 2005, 136 参照 Nagasawa 2002,62）。
- 家族や世帯を重視する――「日本において、社会組織と指導権の継承に関するこうした原理の歴史は長い」（Mullins 2005, 247）。多くの場合、家族全体を伝道の対象とし、教会のリーダーシップを親族関係で継承していく教会はよく成長してる（Mullins 2005, 138）。
- 動員と伝道――信徒も教役者も共に、教会全体が伝道のために動員されている（Braun 1971, 132）。
- 経済的自立――「教育のためにも、教会開拓の目的のためにもリーダーたちは経済的支援を受けていない（Braun 1971, 173）。
- 単純な組織――教会は「委員会も官僚制もない簡素化した宗教組織」（Mullins 2005,

138)。家庭集会を利用している（Braun 1971, 173）。

日本の新宗教

日本の新宗教は神道、仏教、儒教などの伝統宗教を土台とし、明治時代に始まり、一九二〇年代に第二の波が到来し、第二次世界大戦後の宗教の自由により爆発的に出現しました（McFarland 1967; Earhart 2014, 228）。「それぞれは非常に多様性のある教義を持ちながら、新宗教は世俗的な社会や、いわゆるすでに定着した宗教のものとは著しく異なる大志や世界観を持つという点で共通しています」（Hardacre 1986, 3）。このような新宗教は「人々の日々の生活の具体的な悩みや心配に対応することによって爆発的に増加しました」（島薗、2003 : 280）。地方から上京してきた人々の心配事や日本社会の現代的な欲求不満の種などをうまく利用しています。新宗教は日本の歴史の中でも異例の社会現象であり、「疑いなく最も大きく、最も急成長している民衆運動」です（Garon 1986, 273）。一〇％から二〇％の日本人が新宗教の信徒である推定されています（Prohl 2012, 241）。

社会において人の内面が求めている必要をうまく満たしているこの「成功」は、キリスト教会による献身、投資、努力をはるかにしのいでいます。このような新宗教の一つである創価学会は、一世紀にわたる集中的な宣教の努力の結果、一九五〇年代に、全クリスチャン（カトリック、プロテスタント、正教会を統合した）の総数を超えた信徒を獲得しています(Earhart 2014, 274)。

新宗教は日本の伝統宗教からの巧みな決別をもたらしています。伝統宗教は長い伝統を持つ神社や寺などを所有しますが、ある新宗教はそのようなものを重視せず、そのような聖なる場所を所有していません。伝統宗教は聖職者などのしっかり構成された制度によって指導されており、一方で多くの新宗教は信徒の関与に重点が置かれています。この二つの要素が現代的で都会的な日本に新宗教を推進する結果となりました。古い信仰が非個性的で、聖職者中心で、学問的で、伝統的な傾向があるのと対照的に、これらの新宗教は、自分たちのことや自分たちの個人的な問題がその宗教の関心事であり、普通の人々に助けを提供できる手法があり、人々との良い交わりがあると信じさせることができます（Ellwood 2008, 210)。

新宗教は霊的な癒しと、家族や精神的な問題の解決を提供することを強調します（同書)。個人的な問題の解決を強調しているので、家族の信仰とは対照的に、「新宗教の顕著な特徴は個人の信仰に、より直接的にアピールしていることにあります」（Earhart 2004, 189)。親戚関係や地域に基づいている伝統宗教とは異なり、日本の都市部に発展する新宗教は任意団体で（同書 225)、非常に順応的で習合的です。このような新宗教の特徴を見て、エアハートは「これらの宗教のムーブメントは革新が刷新と同様であるように、新しい伝統も刷新された宗教的な伝統と同様である」と結論付けています（同書187）。

十数ある新宗教のムーブメントの中でも最も急成長しており、日本の宗教の風土への洞察と日本のキリスト教会の成長に知恵を得るために、すでに調査されている二つのグループ、創価学会と立正佼成会について考察していきます。

創価学会

価値創造を意味する創価学会は仏教の日蓮正宗に入信した牧口常三郎によって一九三〇年に創設されました（Ellwood 2008, 200）。法華経を唯一の経典とし、世界のための唯一の真の仏教としています。後に戸田城聖と池田大作らがこの信徒による仏教のグループを導きました。都市部で成長を始め、地方にも拡大していきました。現在、創価学会は日本において一二〇〇万人の会員数を持ち（Prohl 2012, 244）、海外にも一五〇〇万人の会員がいるとされています（Ellwood 2008, 204）。一九六四年に、創価学会は公明党という宗教政党を結成しました。この教団の非常に急速だった成長は横ばいになっています。一九九一年に創価学会は、対立していた聖職者主導の日蓮正宗から破門されました。

創価学会は、会員たちがグループ活動や他人の援助などに参加し、地域社会において積極的に動員されています（同書 202）。会員制度は非常によく組織だっており、すべての家族は地元地区やブロックに所属しています。会員全員が伝播のために動員され、新しい会員も「他の人を勧誘することに積極的であるように要求されています」（Earhart 2014, 243）。山森は日本の教会成長の研究において、創価学会の驚くべき成長は「信徒の間に非常に積極的な伝道熱が創られていたから」（yamamori 1974:147）だとしています。全会員の伝播、訓練、そして励まし合いは、座談会と呼ばれる地域で行われる小集会において行われます。「経典の教えに従って個人的な問題などにリーダーたちが指導を行うグループカウンセリングのような集まりによって、個人の革命に創価学会の独特な強調が置かれています」（Reid 1991, 29）。この座談会によって、教義や激しい布教活動や地域社会への関わりなどが促進されます。

立正佼成会

一九三八年に庭野日敬によって創設された立正佼成会は、霊友会から派生した新宗教です。創価学会と同様に日蓮系仏教の教団で、法華経を根本経典としています（Ellwood 2008, 204）。この教団は「法座」と呼ばれる活動に特徴を持ち、調和の輪とも呼ばれ、参集者たちが互いに学び合い、向上し合い、また場での話などにより新しい人生の解決の道を学びます。現在六〇〇万人がこの新宗教の信徒数であるとされています（Prohl 2012, 245）。

日本の新新宗教

一九七〇年代と一九八〇年代に、日本の既存の伝統的宗教とはつながりのない他の新しい宗教が現れました。このような新新宗教は、外国のニューエイジ運動や、他の霊性や、密教やチベット仏教などの日本ではそれまであまり一般的ではなかった仏教の流れなどとつながっていました。これらの新しい宗教は、第二次世界大戦後の新宗教のような急速に成長する社会運動とはならなかったものの、多くは宗教グッズや宗教サービスなどで商業化しました（Prohl 2012, 242）。このようなグループの例として、阿含宗、崇教真光、幸福の科学などがあります。一般によく知られているのがオウム真理教で、一九九五年三月の地下鉄サリン事件などを起こしました。この集団は二〇〇〇年に宗教団体アレフと名を変え、二〇〇七年にはひかりの輪などに分派しています。

学べること

宗教のムーブメントがどのように前進したかを理解するのに有益な原則が見られます。

現実の問題に直結するメッセージ

団体のメッセージは実践的な生活に焦点を当て、「原則や権威に対する抽象的な質問ではなく、より個人的な問題に関心を示しています」(Reid 1991, 28)。前述のとおり、このような団体は宗教を現世利益、この世の実利を提供するものとして示しています(Reader & Tanabe 1998, 2)。またメッセージも個人的なものです。「このようなタイプの新宗教団体に人々が加わる主な理由は、健康や、結婚や、金銭面や、他の問題などの助けを求めているからです」(Reid 1991, 29)。

小集会の利用

改宗への入り口として小集会が用いられています。「たいていの未信者は創価学会との最初の接触を、たまたま信者であった友人や、親戚や、会社の同僚などによって持ち、集会に参加するようにと勧められます」(Earhart 2014, 202)。このような集まりは小さく、家庭集会であったり、形式ばらないもので、たいがい改宗や、会員や、コミュニティに関する話題に基づいています。「しかし、すべての新宗教は参加者たちに、強固に組織され保護された共同体を提供し、霊的な必要を満たすよりも社交的な必要を満たすような学び会や社交活動を開いています」(Reischauer 1988, 215; cf. Dale 1975, 65)。会員の離脱を防ぐため、小グループが用いられています(yamamori 1974:151)。

多層にわたるリーダーシップ

あらゆる宗教のムーブメントは、伝播、組織の発展、そして再生産や増殖をリーダーシップに頼っています。このような団体は傑出したリーダーシップを持ち、明確な大義を持ち、ムーブメントの中でリーダーシップを発展させる手段を持ち合わせています(Hesselgrave 1978a, 308-322)。このようなリーダーたちはビジョンを掲げ、組織の成長のための目標達成に対する所有者意識を持っています。

伝播のために信徒を動員する

「組織全体が全会員を信仰の伝播のためのプログラムに参加させるように整えられています」(Hesselgrave 1978b, 139)。その伝播の最も重要な手段は、神学論争ではなく、個人の熱意と証しです」(Elwood 2010, 210)。信徒の動員は、モルモン教やエホバの証人などのキリスト教を名乗るカルトにも見られます。動員されているだけではなく、定期的に「外に出て」人々に触れ、関係を持っています。

結論

この本の目的の一つは、日本の土壌において教会をさらに効果的に開拓するために、日本の文脈をより完全に理解しようとすることです。過去から学ぶために、この章では明治時代までさかのぼり、当時の教会と社会にざっと目を通しました。「各教派をこのような状況に至らしめた原因については、この時期における教会の動向に造詣の深い教会史家や世界の宣教活動を研究している学者の研究に待たねばならない」と言われた山森のアドバイスは、今日の私たちにとっても当てはまります（山森 1985 : 154）。今後のさらなる調査が有益だと言えます。

急速な教会成長をもたらしているいくつかの状況も考察しました。日本で教会を増殖する聖書的で社会学的な原則を発見するために、クリスチャンとクリスチャン以外の両方の日本の宗教のムーブメントに関する社会学的現象にも目を向けました。このようなムーブメントは日本の社会構造を把握し、家族全体に伝道をしています。リーダーたちは成長のための夢や目標を発展させ、職業的な教役者たちだけでなく多層におよぶリーダーシップを育て、信徒たちにも極めて重要な役割を与えています。信仰の伝播のために全員が動員されています。土着化したムーブメントとして、日本の文化、信仰心、そして世界観に関与しています。次の章では、日本における教会開拓と関連した教会の戦略を概説していきます。

第４章　教会開拓における戦略的な視点

この章では、戦後の日本における教会開拓の前進を促進した戦略案とその実践について考えていきます。日本の教会開拓の働きについてはほとんど書かれていないので、この章ではいくつかのネットワークと、効果的なミニストリー、教会開拓の増殖を促進する現在の傾向の概要をまとめていきます。自然災害が教会と福音伝道にもたらす影響についても触れていきます。

戦後の使徒的な宣教師

ジョセフ・ミーコとラルフ・カックスは第二次世界大戦後の第一世代の宣教師たちです。ラルフ・カックスの働きは五十年以上にも及び、四国地方の香川県での教会開拓が彼の主な宣教の焦点でした。ジョセフ・ミーコは関東地方での働きとともに、おもに東北地方の山形県で十二年間奉仕しました（後に再び戻り、さらに七年間奉仕しました）。ミーコは他の人たちの助けを得て、五年間に少なくとも十二の教会を開拓しました。カックスは八十八の教会を開拓しています。[9] この二人は、この世代において非常に知られている宣教師たちの例です。

両者とも地域教会を確立するために深く献身しました。この二人の先駆者は教会の基礎を築き、生み出すという使徒的な役割を担いました。たいてい彼らは農村を訪れる最初の宣教師でした。伝道、弟子訓練、リーダーの育成を優先しました。カックスとミーコは先駆的な教会開拓の働きと、他の人たちを通した教会開拓の支援の働きの両方をしたのです。ビジョンを掲げ、教会増殖のシステムを発展させる成功を収めました。両者は日本の宣教において異なる時代に活躍しましたが、両者の根本的な宣教の原則と実践から多く学ぶことができます。

- 神サイズのビジョンを育てる――二人とも大きく考え、小さく働きました。潜在能力のあるリーダーたちに大きな展望を見せ、大きな計画に従事させることを好みました。
- 斬新な機会を創り出す――ミーコは、最初の教会が成熟する前に次の教会開拓を始めるという「いちご伝道」と呼ばれる開拓法を非常に強く唱えました。カックスは同時に二つ以上の教会開拓に携わる方法を主張しました。両者とも、開拓のための最適な状況を求めるのではなく、複数の開拓の機会を生かすことの大切さを信じました。

- 信徒を宣教の働きへと動員する――二人とも信徒が積極的にリーダーの働きに関われるような教会を開拓することを信じていました。カックスは新約聖書の原則をまとめ、教会開拓が素人である信徒の手によって、また広い地域において行われるようにしました。両者とも、現地の働き人をよく用い、収穫の中から収穫のための働き人を育成しました。ミーコは初期の開拓教会においては、神学生や熟練した牧師たちを含むチームを用いました。十分に訓練を受け、十分な資格を持つ専門の牧師が送られてくるのを待つことは実践的ではないので、両者とも信徒たちに宣教の働きの当事者意識を持たせ、信徒リーダーたちに実地訓練を通して教えました。
- 人に投資する――二人ともリーダーを整える者としての自分の役割を理解し、多くのリーダーたちを育成し、訓練しました。多くの牧師たちと信徒リーダーたちの相談に乗り、助言を与えました。カックスは、当時まだ新しい考えであった短期宣教師と協働しました。

これらの戦後の宣教師たちは、特定の宣教の原則が日本において教会を再生産するのに効果的であることを示しています。今日、二人の方法を模倣し、再現することはできませんが、二人の教会開拓の働きから多くの原則を学ぶことができます。

教会が浸透していくための方策

明治時代には、外国人や宣教師らの入国はいくつかの港に限られていたので、教会は最初、長崎、神戸、横浜、函館、その他いくつかの場所で発展しました。政治的な改宗制限により、一八七三年にそれが廃止されるまで、主な宣教活動は教育と医療の働きが中心になっていました。宣教の焦点もこうした港町であり、後に他の地域に移っていきました。

第二次世界大戦後、特に多数の宣教師が流入したことに伴い、教団教派と宣教団体の間で、日本中に教会を満たすための政策合意を結ぼうとする努力がなされました。多くのグループは本州、特に宣教を開始した関東の主要な都市における働きを継続しましたが、後になってより遠隔地に働き人を送り出すようになりました。このため、日本中の教団教派の多くは、特定の地域にのみ存在しています。その後、教会員が学校や仕事の理由で転校したり、移転したりするのをきっかけに、最初の宣教地以外の地域に教会を開拓する教団教派が出てきました。より多くの資源を持つ大きな教団教派の中には、教会開拓において国全体に影響を与えようとする団体も出てきました。南部バプテスト連盟は、各都道府県の県庁所在地に力強く中心となるような教会を開拓し、その都道府県内に浸透させ、それを超えた地域へと拡大するように働きかけました。

戦後、開拓された新しい教会の場所を把握し、宣教の働きの重複を避けるために、日本福音宣教師団（ＪＥＭＡ）の教会開拓部門として教会インフォメーションサービス（ＣＩＳ）が始まりました。このサービスは人口統計情報や既存の教会の地図などを提供して、宣教師に、後に日本人にも、教会のない地域を見つける助けをするものです。数年後、調査とデータベースを日本の教会全体に提供して仕えるために、ＣＩＳがＪＥＭＡから独立しました。二〇一四年にＣＩＳは東京基督教大学国際宣教センター内の日本宣教リサーチ（ＪＭＲ）に統合しました。

ほぼ同時期に、日本に一八〇〇ある教会未設置の地方への伝道に重荷を負った人々ための新しいネットワークが組まれました。日本地方宣教ネットワーク（ＲＪＣＰＮ）は宣教師によって始められ、地方で伝道する人々や都市部の教会で近隣の地方に伝道を拡大しようとする人々のためにセミナーを開催したり、トレーニングを提供したりしています。ＲＪＣＰＮは、教会開拓のためのデータベースと、すべての教会未設置の地方の地図を教会浸透のためにネット上で継続的に更新しています。

先駆的な教会開拓

初期の日本の教会は、ほとんど宣教師の教会開拓者によって始められました。特に第二次世界大戦後は、日本人の教会開拓のための働き人が準備できた時に、宣教師と一緒に教会を打ち立てる働きを共にしました。設立した教会がしっかり強くなると、宣教師たちは新しい教会を別の場所で開拓するためにその教会から身を引きます。日本人の働き人がいる場合は、宣教師たちは日本人が新しく開拓された教会を導くことを陰で支えました。日本人の働き人が別の場所に出て行き、別の教会を開拓することは稀なことでした。このような先駆的な教会において宣教師から日本人へリーダーシップが移行する場合、たいてい不安定さをもたらします。多くの異なったリーダーシップ移行パターンが用いられましたが、ほとんどの教会はこのような移行の後、衰弱してしまいました。

後になって、設立された教会の小さなグループができると、地域全体に教会の影響を拡大する働きに主体的に取り組むようになりました。教会の地方地区の集まりが教会開拓者を募り、新しい教会に必要な資金を提供できるようになりました。これは全国的なレベルでも起きていきました。全く新しい地域に新しい教会を開拓しようとする日本の教団教派は、このような働き人を募り、コーチし支えました。長い間、教会開拓のビジョンと支援は、しばしば全国あるいは地域の組織が提供してきました。

地域的な教会開拓のための支援がある場合もない場合も、先駆的な教会開拓のパターンで教会を開拓するという手法が用いられていました。長い間このパターンが用いられて多くの教会が結果として設立されると、教会を始める新しい選択肢や方法が立ち上がりました。

一九八〇年代後半には、その多くが一〇〇人を超える平均礼拝出席者を抱える単立教会が非常に数多く現れました。教団教派に属さないこのような教会の多くは、教会開拓のビジョンを常に持っています。中には新しい単立教会へと発展していく教会も生まれました。

独自の教会ネットワークを始める教会も現れました。例として、町田にある単立教会の東京ホライズンチャペルが挙げられます。伝道とミニストリーへのビジョンによって、この教会は七つの教会が集まる独自のネットワークを始めました。恵泉教会ネットワークは、山形県の保守バプテスト同盟の教会が日本中で二〇以上の教会を開拓した結果生まれたものです。多くの教会は健全な親教会が子教会、さらには孫教会を生み出すことによって、単純に開拓されています。

一九九〇年初頭、教会開拓に従事する日本の多くの宣教師たちは、セルチャーチのムーブメントとデビッド・ギャリソンほかによる書籍などの影響を受けて、教会開拓の働きを超えて、ムーブメントへと発展させる可能性を探り始めました。教会開拓ムーブメント（CPM）を発展させるために、これらの宣教師たちの多くは、日本人の働き人たちと日本人の触媒的な役割を果たす者たちを育成することによって教会開拓を促進させることに集中しました。このような教会のほとんどは、第5章で詳しく述べるシンプルチャーチ・ネットワークや、セルチャーチの再生産などに基づいています。

教会開拓ムーブメント

同時期に、海外の多くの健全な教会やネットワークが日本に教会を開拓するビジョンを構築していました。このような教会は自国で用いられるのと同様のパターンを用いて日本で教会を開拓しようとしました。教会開拓者を選び、教会開拓チームを組み、日本にそのチームを派遣し、最初の教会を上陸拠点として確立し、日本中に教会を増殖させようとしました。このような鍵となる日本の教会は、日本中にそして日本を超えて教会を増殖させるムーブメントを発足する基盤となりました。いくつかの例を紹介します。

● ニューホープ・クリスチャン・フェローシップ・オアフ（ハワイ＝ウェイン・コディロ牧師）は働き人たちを派遣し、最初の教会を東京に開拓し、その後、横浜、大阪、成増

（東京）、岐阜、そして台湾にも、さらに教会を開拓しました。
●ナイジェリアの教団も宣教師たちを日本に送り、日本におけるさらに多くの教会開拓のための基盤を確立しました。
●ホープチャペル・ホノルル（ハワイ＝ラルフ・ムーア牧師）は、千を超える教会の世界的なネットワークの一環で、沖縄、西宮、東京地域にいくつかの教会を開拓しました。
●ニューヨーク州マンハッタンのリディーマー長老教会（ティム・ケラー牧師）は、「リディーマー・シティトゥシティ」という戦略のもと、世界中の国際的で重要な大都市に変革をもたらす教会を設立するというビジョンを掲げ、二〇〇九年に日本で最初の教会を東京に開拓しました。その東京ネットワークは四つの教会の集まるネットワークになっています（第５章参照）。
●このほかにも、他の国々の多くの教会が日本に教会を開拓し、増殖するためのネットワークを確立しています。

信徒による教会開拓

日本では常に信徒も教会開拓に関わってきましたが、ここ最近は、教会開拓の戦略として意識的に信徒を動員することへの関心が高まっています。教会開拓ネットワークや、ハウスチャーチやセルチャーチなどのシンプルチャーチ戦略などの影響で、いくつかの地域教会や、教会ネットワーク、宣教団体などが、教会開拓において信徒の参加を促しています。

以下に、様々な信徒による教会開拓の方法や実情などの例を挙げます。

1　地元の学校の教師が自分の地域の必要を感じ、自宅で教会を始めました。教師として働きながら、この教会を引き続き牧会しています。ネットワークの数人がこの宣教チームのリーダーシップを支援しています。

2　ある診療所の医師とその妻は、毎週診療所にて集会を持っています。

3　ある教会員は伝道への重荷を持ち、健全な教会を始めたいと願っていました。彼女は共に働く同志を送ってくださいと神に祈りました。神はこの祈りを聞き入れ、彼女が教会のリーダーたちに相談したところ、リーダーたちは彼女が家庭集会を始めることを祝福してくれました。

4　ある信徒が自分の地域で家庭集会を始めたいと望んでいました。彼は地域の別の団体の教会堂を借りて、礼拝と聖書の学びの集まりを数人で始めました。

5　ある牧師は、親教会から別のチャペルを開始するために、信徒の一人をコーチングしました。この信徒は自宅で妻と一緒に、自分たちの地域のために伝道集会を持ち始めました。この集会の参加者は親教会とのつながりを持っていません。親教会の牧師はこの信徒と、毎月交わりとミニストリーのためのコーチングの時を持っています。

6
組織が整えられたある教会は、一〇人の信徒のチームを送り出し、別の地域にバイリンガルの教会を開拓しました。この教会は成長し、平均礼拝参加者数が二〇〇名になりました。

7
あるビジネスマンは、ビジネス街の駅のすぐそばのビルのレンタルスペースを借りて数人で集会を始めました。

8
ある中高年の夫婦は転勤のため別の町に引越しました。礼拝のための広い部屋を特に念頭において家を建てました。妻には伝道の賜物が与えられていて、彼女は数人をキリストへと導きました。そして自分の家で正式な礼拝集会を始めました。後にこの夫婦の息子が神学校を卒業し、この教会の牧師としての役割を担うようになりました。

9
ある医者は、病院で人々をキリストに導くことに貢献し、毎週病院で交わりを持ち、さらに多くの人々をキリストに導こうとしています。

このような信徒による教会開拓には、よく見られるパターンがあります[10]——

- 職業としての聖職者ではない信徒たちによって導かれていますが、中には神学訓練を受けた者もおり、多くは教会でボランティアとしてパートタイムで奉仕した経験を持っています。
- これらの教会はおもにシンプルチャーチ（ハウスチャーチ）で、家庭や他の適した場所で集会を持っています。
- ほとんどの教会は小人数です（たいてい二十人以下）。
- 教会は以下に挙げる三つのパターンのいずれかの方法で開拓されています。①直接的な伝道で人々をキリストに導く、②日本の教会の実状に満足していない者がもっと宣教にかかわりたいと望んでいる、③すでにグループが集まり、リーダーシップを必要としている。

信徒の教会開拓者によく見られる要素——

- これらの信徒は、トレーニング、セミナー、地元の教会、教会開拓に携わる者との会話などを通して、教会開拓に関していくらか触れていました。このような接触に信徒たちは刺激され、「聖なる不満」を抱くようになり、単に教会を開拓するだけではなく、教会開拓のムーブメントを始めようとするビジョンを抱きます。

- 信徒たちは新しい教会への重荷のために、また他の者が加えられるようにと神に祈ります。
- ある信徒たちは自分のメンター、母教会、またはネットワークから、外部の支援を受けています。

このような信徒が導く教会の観察からの提案――

- さらに多くの信徒たちが教会開拓の原則に触れるならば、さらに多くの者が新たな教会を始めることに興味を持つでしょう。さらに多くの者がチャレンジを受け、教会開拓をすることを許されるべきです。
- 信徒が教会開拓するためのトレーニングや技能を育成するプログラムは不足しているようです。単純で基礎的なトレーニングが、このような信徒たちを念頭に入れて開発されるべきです。
- 個人的な支援やコーチングを体験している者はそれを生かすべきです。他の者はそのような関係を持ち合わせていません。信徒の教会開拓者への援助がさらに提供されるべきです。

• 信徒の教会開拓者は、励まし、トレーニング、支援を受けるためにネットワークに所属することで多くの助けを得ることができます。

インターナショナルVIPクラブ

インターナショナルVIPクラブは、ビジネスマン（特に男性）に伝道し、弟子訓練するという願いによって、ビジネスマンのグループによって一九九三年に発足しました。非常に過密なスケジュールとあたかも会社と結婚しているかのような生活を送っているため、ほとんどのビジネスマンは教会に通うことができないのが実情です。VIPクラブは、数回のクラブの集会を持った後で、都心部のホテルを借りて大勢が集まる伝道集会をいくつか開催し、ある集会には四五〇人以上が参加しました。この集会はすべてクリスチャンの信徒のビジネスマンたちによって導かれています。参加者たちはそれぞれの地域で新しいクラブを始めるように励まされ、多くは会議室、ホテルのレストラン、事務所、参加者の家庭、また職場に近い都合のよい場所などで集まり始めました。これらの地域のクラブはさらに多くのビジネスマンに伝道するために伝道集会を主催してきました。クラブの数は、日本中の都市で、また国外にも増え続け、数百を超えるほどになっています。

ＶＩＰクラブは活動を積極的に行い、教会では伝道しにくいビジネスマンに対して効果的な伝道をしています。しかしこのようなビジネスマンたちは家のある地元地域ではなく職場の近くで集会を持っているので、地元の地域教会とはつながりにくくなっています。ＶＩＰクラブは自分たちをパラチャーチ団体とし、地域教会とのつながりはなく、地域教会のようには活動していないとしています。ＶＩＰクラブのリーダーたちもクリスチャンのビジネスマンであり続け、教役者はあまり含まれていません。地域教会がクラブを主催する場合も見られますが、そのようなクラブが教会にまで発展したケースはいまだ見られません。福田充男は、地域教会はＶＩＰクラブに介入すべきではなく、代わりにＶＩＰクラブが自由に成長し、自然に独自のムーブメントになるのを認めるべきだと言っています（福田、2000：96–97）。この信徒によるムーブメントから、いくつかのシンプルチャーチが起こされていくことが願われます。

宣教ネットワークの出現

一九八〇年代後半から一九九〇年代初頭にかけて、教団教派を超えて教会の健全さと教会開拓を奨励し、また訓練を提供する宣教の働きやネットワークがいくつか出現しました。

ライフミニストリーズ（現アジアンアクセス）によって日本教会成長研修所（ＪＣＧＩ）が発足し、教会の成長を願う牧会指導者たちに個人的なコーチングを提供する二年間の研修プログラムが開始されました。その研修では教会内の成長や健全さについての学びに加え、教会の再生産や増殖が強調されています。二年間の学びの終了時に、牧師たちは教会成長計画書を作成し、他の研修生たちの前で発表することになっています。この計画書の多くには大きな規模の教会開拓計画が含まれています。例として、岡山県の西大寺キリスト教会の赤江弘之は瀬戸内ベルトライン計画を立て、地域全域に自分の教団の教会を戦略的に開拓してきました。これまで少なくとも七つの教会が開拓されています（赤江 1997）。これらのＪＣＧＩの卒業生たちの多くは教会の健全さを求めるリーダーシップの良い例となり、引き続き教会を成長と再生産へと導いています。

一九九六年には、ＪＣＧＩの働きで、山形県において日本で初めての教会開拓ネットワークが、ロバート・ローガン指導のもと、正式に発足しました。その三年後、ネットワークの五つの教会が五つの新しい教会を再生産しました。この初代のネットワークの牧師の一人、千田次郎は、「一つの教会が新しい教会を一つ開拓するのは難しいが、三つの教会が一つの教会を開拓するのは非常に簡単である」と述べましたが、この言葉は非常に頻繁に引用されています。一九九六年以来、ＪＣＧＩは日本の多くの地域や都道府県において三〇ほどの教会開拓ネットワークを確立し、一六〇を超える教会開拓に関わってきました。この教会開拓モデルの実際のデザインや実践に関しては、第5章で詳しく見ていきます。

教会開拓ネットワークは、最初は北米で発展し実践されました。それ以来、日本のような他の国々において、それぞれ異なった背景や状況のもとでネットワークが適応されていきます。一般的には、成功したネットワークの参加者たちが次のネットワークの参加教会のすべてを同じ教団教派から募るのが常となっています。しかし、日本においてはほぼ正反対なことが起こり、ネットワーク参加教会のほとんどすべてが別の教団教派に属していることが普通になっています。より大きな御国のビジョンや、教会を再生産するために相互に援助しあう必要性が、教会が同じ教会家族内（教団教派）に留まろうとする普通の傾向よりもさらに強い意味を持っているのです。これらの日本のそれぞれのネットワークは、教会の再生産や増殖に従事する目的を持った別のグループを新しく発足させることにも意欲を示していきます。

地域教会の信徒たちを弟子訓練する必要性を強調するために、リーダーたちや諸教会を結ぶ別のネットワークが発達しました。小牧者訓練会と呼ばれるネットワークは、教会のかしらであるイエスを唯一の大牧者として信じ、教役者や一般信徒を含むその他の者たちを単なる「小牧者」であると信じています。このネットワークの強調点は教役者と信徒たちの間のギャップをなくすことへの取り組みであり、多くの信徒たちを弟子訓練と教会のリーダーシップへと動員していきました。この教会のネットワークは、信徒たちを弟子訓練し、自分たちの教会内で弟子をさらに増殖するために、牧会訓練と並行して弟子訓練する信徒のための訓練を直接提供していました。

基盤となる韓国の教会を発端に、このネットワークは日本全国でムーブメントとなり、多くの弟子訓練用の出版物を開発して刊行し、日本中でトレーニングのコンベンションなどを開催しました。このムーブメントの重要なリーダーの一人がスキャンダルによって辞職したのを機に、このネットワークはほぼ消滅しています。

セルチャーチモデルの重要な主唱者であるラルフ・ネイバー師の来日の後、典型的な日本の教会が弟子、小グループ（セル）、そして新しい教会を増殖するものになるのを助けるセルチャーチモデルへの関心が高まりました。その後、香港のセルチャーチ牧師ベン・ウォンとのつながりから、日本セルチャーチ宣教ネットワーク（ＪＣＭＮ）が発足しました。このグループは健全な教会の原則と、信徒によるリーダーシップやセルグループの発展、またセルチャーチの開拓に全力で取り組んでいます。このネットワークのビジョンは、名前に見られるように世界宣教への献身も含んでいます。このネットワークはセルチャーチの働きのためのカリキュラムを発展させ、日本中でセミナーやカンファレンスを開催しています。最近、少なくとも一〇の地域別の牧師コーチングネットワークが発足し、成長と、再生産と、宣教のための牧師と信徒によるリーダーシップを育成しています（コーチングの詳細は以降に）。

一九九四年に富士山の近くで、日本福音主義宣教師団（ＪＥＭＡ）の主催によって、少数の宣教師たちのグループが教会開拓セミナーを開催しました。最初のイベントから「教会増殖ムーブメントに従事する指導者たちの傍らに立って助けることを通して、神の国の前進に貢献することである。教会増殖ムーブメントとは、福音の力によってキリストの弟子を増殖する教会を増殖するムーブメントである」というチャーチ・プランティング・インスティチュート（ＣＰＩ）のビジョンにより、多くの働き人たちがそれぞれの教会開拓ムーブメントへのビジョンを拡大してきました。ＣＰＩは今日まで日本全国の二〇〇以上の宣教団体や教団教派から三〇〇〇人以上のリーダーたちに対して教会開拓と霊的刷新の原則に関する訓練を提供してきました。海外からの講師に加え、日本の宣教師たち、また日本人牧師たちが定期的に伝道、弟子訓練、リーダーの育成、また教会増殖に関する地域別研修会を開催しています。参加者が五〇〇人を超えることもあるＣＰＩ全国カンファレンスは隔年で行われ、研修、心の刷新、また日本と世界中に増殖する健全で変革を与える教会が日本に満ちるという夢への感化を提供し続けています。この働きはＪＥＭＡのもとで宣教師たちによって継続的に導かれていますが、多くの参加者たちは日本人の牧師たちや働き人になっています。

一九九八年には、リック・ウォレンの *Purpose Driven Church* が『健康な教会へのかぎ』という邦題で出版されました。この出版により、目的主導の教会モデルと日本における目的主導の教会の開拓に関する関心が高まりました。さらにいくつかの関連書籍が日本語で出版され、全国で販売されました。近年では数人のリーダーたちによってパーパス・ドリブン・ジャパン（ＰＤＪ）が設立され、訓練用の教材を出版したり、ＰＤＪモデルを導入したいと願う教会に対してセミナーを開いたりしています。伝道や、弟子訓練、リーダーの育成の強調を特徴としてはいますが、日本のこのグループはリック・ウォレンとサドルバック教会の最初のビジョンである、教会の開拓と増殖をまだ強調してはいません。

これらのパラチャーチや超教派のネットワークを見ると、健康な弟子たち、リーダーたち、そして新しい教会を成長させるのに日本人のリーダーたちが必要と感じている研修やネットワークを、地域教会や教団教派はまだ提供できていないことを示しているように思えます。ＪＣＧＩ、ＣＰＩ、ＪＣＭＮ、そしてＰＤＪなどのネットワークの多くは引き続き、リーダーたちや働き人たちを育成し、超教派の励まし合いや知識の交流の場を提供し、日本中に教会を開拓するビジョンを高めています。地域教会やリーダーたちが適切に支えられ、訓練を受けている限り、このようなネットワークはさらに多く生まれ、拡大されていく必要があります。

リーダー育成のためのコーチング

リーダーを育てるコーチングの技能は一九九〇年代に、特にビジネス界で非常に広まりました。今日では、コーチングのシステムは日本において、ビジネスリーダーやライフコーチングのため、またリーダー育成のために幅広く用いられています。教会のリーダーたちの育成手段としてのコーチングはまだあまり知られておらず、日本人牧師たちの間でもあまり用いられていません。伝統的にほとんどの日本の教会のリーダーたちはグループの規則に従い、また年長のリーダーたちのアドバイスに従うことになっています。

前記の通り、ＪＣＧＩはリーダーを育てるための地域の教会開拓ネットワークに加えて、牧師たちのために教会成長の仲間も提供しています。これら研修のプログラムにおいて、ＪＣＧＩはコーチングがリーダーを育てる中心的な手段であると感じています。定期的な祈り、研修、また励まし合いのためのグループの集まりのほかに、すべてのリーダーたちに、二年から三年間、個人的なコーチが割り当てられます。

以前は日本の文脈において他の人をコーチすることは、上意下達的に教え助言を与えるものとして見られており、非常に命令的で、時には強制的なものでもありました。そのゆえに、ＪＣＧＩでは「コーチング」という言葉を変えて、「バルナバミニストリー」と呼ぶようにしました。

その目的はバルナバのようになり（使徒4章36～37節、9章26～28節、11章21～26節）、傍らから関わり、援助し、備える励まし手になることです。バルナバ・ミニストリーでは、リーダーたちが次の目標を見きわめ、設定できるように助けるいくつかの質問を用います。質問は、宣教の奉仕活動に加えて、リーダーたちの個人的な成長にも焦点を当てます。バルナバのセッションでは、機会、障害、選択肢、そしてリーダーたちがとることができる次の行動の決心などが取り上げられます。前記の通り、ＪＣＧＩではリーダーたちが成長し教会を増殖できるように、個人の生活と奉仕活動の両方において効果的に成長するのを見てきました。このコーチングの関係はメンタリングをし、他の者を備えるのに励みになる手段となっています。

二〇〇六年から、ＪＣＭＮも牧師たちが教会でさらに効果的になれるように地域別のコーチングのためのグループを発展させました。「コーチングネットワークは、この九年間でコーチは二八名になり、一〇地域に拡がりました」（飯久保、2015：1）。この地域別ネットワークは日本中のあらゆる地域で行われています。

これらのネットワークは、牧師たちが教会の中核となる本質を理解し、実践できるように教え、またコーチングを提供しています。これらの鍵となる原則は、地域教会がキリストのからだとしてどのようなものであるべきかに、おもに焦点を当てています。すなわち、あらゆる信徒が参加し、またリーダーたちによって信徒たちに権限が与えられ、教会のかしらであるイエス様にすべての者が信頼し、御国の一部として教会が存在し、宣教の働きのために順応性のある構造を持つということです（参照 Wong 2010, 107–128）。

このような地域別のコーチングのネットワークを十年ほど発展させた後に、ＪＣＭＮはその有効性を評価するために調査を行いました。その結果、これらのネットワークは地域教会が教会の本質に変化をもたらすのに重要な影響を与えてきたことがわかりました。「大半の牧師たちは、コーチングネットワークに参加してから『教会観』が変わったと答えました。彼らが一番強く受け取ったことは、関係の大切さと個人的なコーチングを通して信徒たちを整えることの重要性です」（飯久保、2015：2）。調査に参加した牧師の多くは、自分たちの教会の信徒たちが新しいリーダーとしての役割を非常によくしていると報告しています。

このコーチングの関係は非常に広範囲に及びます。ある場合は、コーチングの関係が第五世代のコーチにまで拡大しました。ＪＣＭＮのコーチングネットワークでは、典型的な牧師のコーチはネットワーク内の二人から五人の牧師たちにコーチングをしますが、ある牧師は一五人の牧師をコーチしています。参加している牧師の多くはコーチングを成長と変化のためのカギであると感じ、さらに多くの牧師をコーチしたいとも願っています（飯久保、2015：6）。さらに多くの牧師を祝福するために、コーチングの技能と方法論に関するさらに多くの研修が必要だとも感じています。

間違いなく、一対一のコーチングの関係は日本の地域教会において教役者と信徒のリーダーの両方を意図的に育成するのに効果的であると言えます。常に広がり続ける教会のグループによってさらに多くの基礎的な技能の研修が実践されていけば、宣教の働きのためにさらに多くのリーダーたちを育成できる可能性が広がります。心強いコーチング文化によってグループ全体が恩恵を受けることができるのです。これまでに見てきたように、コーチングは強力な手段となり、新しいリーダーたちを選び、訓練し、育成する形式ばらない手段となりえます。

日本、自然災害、そして教会

日本は地震、津波、火山、そして台風など多くの自然災害が多い国で、日本の歴史や文化パターンに影響を与えてきました。これらはまた、教会と日本の土壌に教会を開拓する働きにも影響を与え、特に最近の二つの大災害は大きな影響を与えました。

一九九五年一月に起きた阪神大震災では、神戸の町とその近郊を襲った地震は日本中に、そして多くの牧師や教会に大きなショックを与えました。この震災から学んだ第一の教訓は、教会はこのような大きな自然災害時に自分自身さえも助ける準備があまりできていないということでした。教会や教会関係の団体はこの兆候を無視することなく、次の自然災害に備えて準備を始めました。地域レベルでは、教会は地域共同体との関係が変わる必要があることを認知していました。非常に大きな被害を被った地域のある牧師は、自分の教会堂の被害があまりにもひどすぎて、教会員たちが日曜礼拝のために「教会に来る」ことができないことを知っていました、そこで牧師は教会員たちにそれぞれの置かれた場所で教会となり、できるだけ自分たちの周りの人たちのために仕えることを勧めました。これまでの教会の形態が大きな挑戦を受けたのです。信徒たちはただ礼拝の集会を共に持つために集まるのではなく、地域共同体の中で仕え続けました。この実際的で実践的な奉仕の働きは、教会に影響を与え続けました。

二〇一一年三月十一日の東日本大震災のトリプル災害は、これまでに日本を襲った最悪の自然災害でした。この地震は世界最大震度の一つでマグネチュード9を記録しました。地震の結果として起きた津波は、ある地域では一二五フィート（三八メートル）を超えていました。この震災の規模により、東北の沿岸部の八六の市町村が被害を受けました（図3参照）。福島第一原子力発電所の原発事故は国際的な関心事となり、多くの人が家から退避させられ、戻ることができなくなりました。この震災の被害額は史上最大（二三兆円）と記録されました。一万八〇〇〇人以上が亡くなり、二三万人以上が家を失い、多くが仮設住宅に移され避難生活を強いられました。

このトリプル災害が起きた頃、東北地方は比較的福音の届いていない地域でした。教会はわずかで、集会出席者も少なく一〇人以下が普通でした。岩手県には宣教師が一人もおらず、また三陸沿岸地域にはほんのわずかの宣教師しかおらず、内陸に入ると異なった文化を持っています。この震災の十六年前に起きた阪神大震災の時のように、東日本大震災はクリスチャンたちや教会にパラダイムシフトを経験させることになります。

第一に、教会の宣教の働きと信徒たちの宣教の働きの役割に刷新が起こりました。東北における災害は、「教会にとって神からの宣教としての任務を求めさせる警鐘となりました」（Wan and Law 2014, 15）。教会はその存在目的を考えさせられ、自分たちが地域社会においてどのようにして最善に仕えるべきかを神に求めました。神は教会に対し、壊滅的な打撃を受けた地域社会に仕えるために存在していることを継続的に思い起こさせました。「その結果、多くの教会が被災者や避難所に救援物資を届け始めました」（Wan and Law 2014, 15）。

多くの教会や団体が東北地方で奉仕をし、「日本の被災地で奉仕に尽くし、神に栄光をささげるために、地の塩、世の光として、神によって遣わされた使者としての自分たちの役割

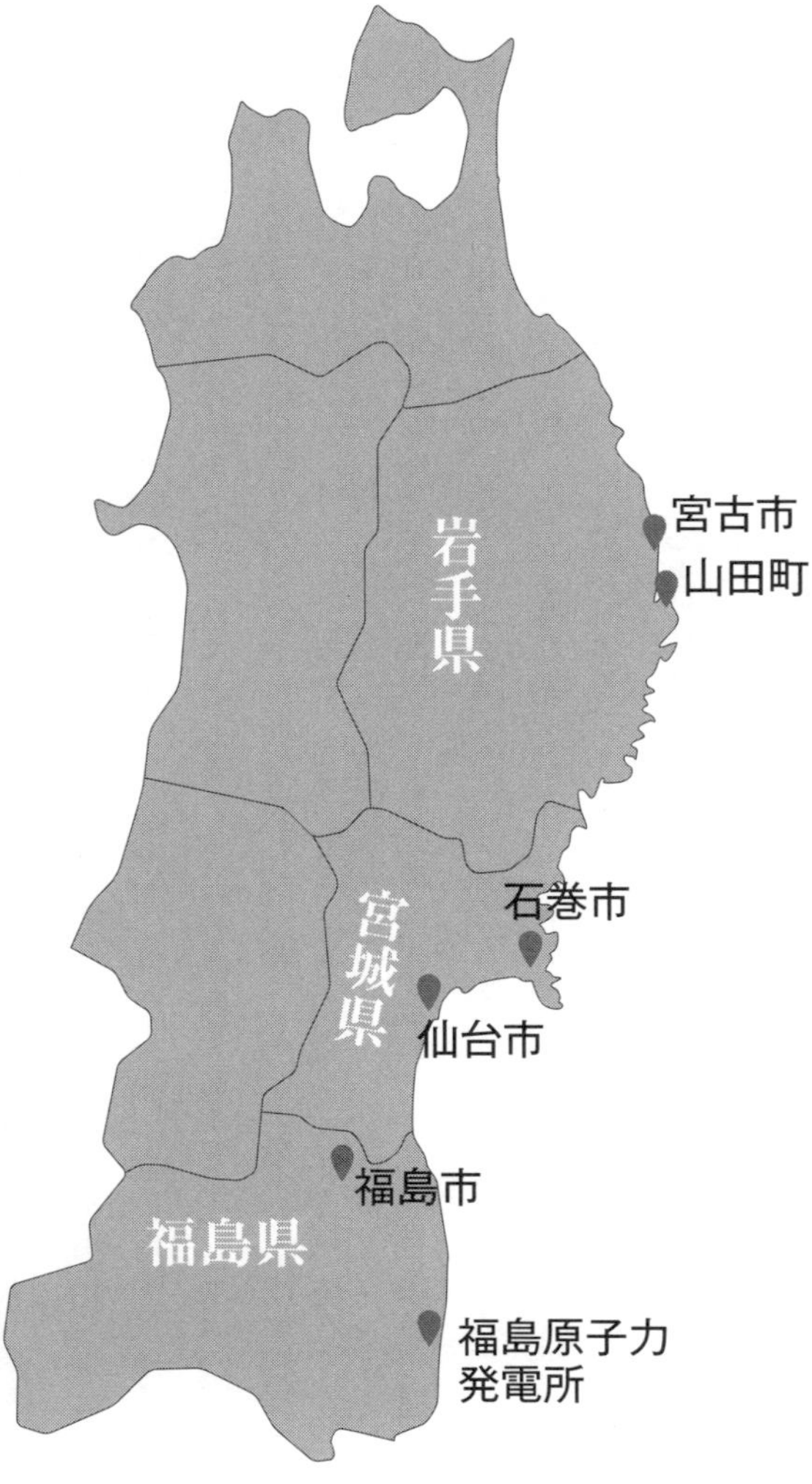

図３　東日本大震災の被災地地図

とアイデンティティを再発見しました」（Wan and Law 2014, 16）。ワンとローの調査では災害支援の働きをしていたある教会の詳細な例が強調されています。宮城県利府市のオアシスチャペルは一〇〇のクリスチャンのグループと提携し、いくつかの被災地で救援活動を行い、言葉と行いによって何千人もの被災者たちに宣教の働きをしました。「地域の圧倒的な必要性が、教会を自分たちの安全地帯から押し出させ、困っている人々に奉仕する働きに参加させたのです」（Wan and Law 2014, 79）。

第二に、①クリスチャンと未信者の間に、②教会間に、③教会と地域の共同体の間に、高く築かれていた壁が壊され、取り除かれました。震災後、教会やクリスチャンたちの間で繰り返し語られていることは、このような壁を越えて宣教の働きに従事することができたことでした。神が真に働かれているなら、神はご自分の民、福音、教会を通して働かれるので、このような話を聞くことができると期待することでしょう。

震災が起きた時、たいていの日本人はキリスト教に関してほとんど知らず、個人的にクリスチャンを知ることはないのが普通でした。津波の後、クリスチャンたちが災害援助活動に動員されたので、多くの日本人が、時には初めてクリスチャンと出会うことになりました。多くの人たちにとっては、このような恵みによって愛されるという体験をするのは初めてでした。ほとんどのクリスチャンたちは、まず人々の身体的、感情的な必要に応え、後に神のみことばとキリストの真理を伝えました。この働きは被災者たちに非常に感謝され、福音に対して受容的になりました。そして日本人と、仕えるために来たクリスチャンたちとの間に、信頼と友情の強い絆が結ばれました。

地域の教会間の関係も変革していきました。震災前には、

東北の諸教会はむしろ孤立していました。時々、牧師間の交流や合同の伝道集会などがなされていましたが、教会間の交流は同じ教団教派を超えることはなく、存在していたとしても非常に浅い関係でした。どのような教会でも所属する教団教派以外の教会に助けを求めることは、ほとんどありませんでした。しかし、震災の直後、震災によってもたらされた困難に立ち向かうためには、教会が共に手を取り合わなければならないと気づいたのです。被災地と避難所の必要性はあまりにも大きいため、どのような教会も自分たちだけで対応することなど不可能でした（Wan and Law 2014, 15）。

教会と地域の共同体との関係も変革されました。多くの教会は基本的に地域の共同体とは関係を持っていませんでした（Wan and Law 2014, 14）。前述した通り、状況が緊急で絶望的であったため、教会は地域における奉仕を始めることを余儀なくされました。新しい宣教

の視点を持った教会が継続的に地域との関わりを持ちました。同時に、「日本社会は、個々のクリスチャンと教会が重要な貢献をしていることを認識し始めました」（Wan and Law 2014, 16）。

しばしば被災地での教会開拓は、まず援助活動が行われ、その結果、その地域の人々との関係が築かれました。この外向きの姿勢は組織としての教会ではなく、地域の共同体に焦点を向けています。その結果、地域の共同体の中でクリスチャンたちとの関係がすでに築かれた人々によって、自然なかたちで教会が形成されました。教会開拓の最終段階は非常に簡単です。このようにしてすでに関係ができた人々を、イベントや教会活動に集めるだけです。

多数のボランティアたちが世界中から東北に集まり、特に日本中の教会から多く集まりました。これらの日本人ボランティアたちの多くは、このようなパラダイムシフトを体験して自分たちの教会に戻っていきました。これらの教訓は、教室ではなく宣教の働きの中で実践的に学んだものなので、彼らは自分の教会に帰った時、彼らの考え方の変革と影響力は非常に重要なものとなりました。多くのクリスチャンと地域教会は、宣教を以前と同じように見ることはできなくなりました。彼らは変えられたのです。この実践的な宣教の働きの経験は、ボランティアを送り出した教会にも引き続き影響を与えています。

東北におけるトリプル災害から六年以上が経ちました（訳注＝執筆時）。信仰に基づいた様々な奉仕団体のクリスチャンのリーダーたちはみな、東北地方で霊的リバイバルが起きていることに同意しています（Wan and Law 2014, 4）。ある調査では九三％の牧師たちと救援活動者たちは、人々のキリスト教への見方と理解において、ある程度の、または大きな変化があったと感じています（大友他、2016:18）。ある活動者たちは「神の聖霊が活発に働き、日本人の心を直接かき立てていた」（Yoshimoto他、2016:18）と証言しています。

クリスチャンたちの働きと教会開拓は、震災の影響を受けた地域全体に大いに拡大していきました。サンプル調査を受けた三〇教会の報告によると、震災後六四人の洗礼者、一七八人の信仰決心者、そして二一九人の求道者の増加があったとのことです（大友他、2016:55）。日本の他の地域と比較すると、五〇〇人近い決心者総数（表5参照）は驚くほどの応答率であ

教会の規模	教会	洗礼	決心	求道	計
震災前の教会数	10	26	10	34	70
震災後の教会と宣教拠点	20	64	178	219	461
合計	30	90	188	253	531

（JCE6 2016,11）

表5　東北地方の霊的応答率の例

り、通常の教会の六・五倍を超えています！

表6に見られる宮城宣教ネットワーク（MMN）の報告によると、震災前の教会数は二二でしたが、震災後は教会と宣教拠点の総数が六〇にまで増加しています（大友他、2016：43）。これらの教会は地域の共同体の必要に応えながらも、様々な伝道の働きや教会開拓にも関わり続けています（同書52-53）。

岩手県は震災当時、宣教師が一人もいませんでしたが、今では三〇人以上の宣教師がいます。この宣教師たちの多くは日本国内と、中国やシンガポールなどの他のアジアの国々から来ています。山田町など、岩手県の多くの自治体には教会が一つもありませんでしたが、今ではあらゆる町や村に教会が存在するか、継続的な宣教活動が行われています。

一五万人の人口を持ち、地域でも最大の町の一つである石巻市は大規模な被害を受け、約五〇〇〇人が亡くなりました。震災前は、閉鎖状態に近かった一つの教会を含めてわずか七つの教会が存在し、そのほとんどの教会では定期的な礼拝出席者数は一〇人でした。現在、石巻市には一三以上の教会が集会を持ち、ほとんどの教会は礼拝出席者が増加し、ある教会は平均出席者数三〇人を超えるようになっています。

諸教会は神によって与えられた地域におけるリバイバルを最大化させるために、パートナーシップを組み、宮城宣教ネットワークも成長し続け、六〇もの教会や団体と提携しています（大友他、2016：43）。「リーダーたちは毎月集まり、戦略的に避難所で奉仕をし、別の被災地にも新しい教会を開拓する計画を共に立てていました」（Wan and Law 2014,15）。教会は協力と支援のために五つのブロックに編成されました（大友他、2016：38–54、大友、2016：99–122）。日本の北東部の岩手、宮城、福島の三つの県をつなぐさらに大きな地域のネットワークも存在し、同じような目的で諸教会を結んでいます。

二〇一六年四月に、何回かの大きな地震が九州の熊本県を襲いました。数十人が亡くなり、多くの人たちが負傷し、一八万人以上が家を失いました。震災後の数週間以内に、これまでの過去の震災で学んだことがこの新しい震災に適用されたことが明らかになりました。①すべての地域教会がネットワークを組み、一つの中心的なクリスチャン災害救援団体を立ち上げました。②日本の他の地域からの救援団体や教会などがこの団体とつながり、物資や奉仕ボランティアを提供しました。東北や他の場所で経験を積んだ多くの者たちも加わり、伝道と教会開拓を目的として、数日内に奉仕の働きが始められました。これ

震災前の教会数	震災後の教会数	震災後の宣教拠点	計
22	19	19	60

（JCE6 2016,11）

表６　宮城県の教会増加数

は、クラッシュ・ジャパン（CRASH）、災害救援キリスト者連絡会（DRCnet）、ＪＥＡ援助協力委員会などの災害救援団体を通して、災害時に教会を動員し、地域の教会同士でネットワークを組んだ直接的な結果でした。

災害の結果、クリスチャンたちや地域教会に生じた変化は、非常に喜ばしいことです。しかし、災害支援の働き自体は有効な働きではありますが、その働きを達成させる際に、言葉と行いによる働きが単に行いによる働きだけになってしまうと、新しい教会を通して世界中に弟子をつくるという教会の任務が失われてしまう懸念があります。福音派の間でも実際起こっているこの傾向は筆者に重大な懸念を抱かせています。教会の使命は福音を語ることを無視するように再定義されてしまったのでしょうか？　あるいは、教会は単に、言葉と行いによる働きによって地域の共同体とつながり、関係性を持つことができるようになっただけなのでしょうか？

結　論

この章では、日本の文脈において福音を関係性あるものにし、教会の健康を促進し、成長と増殖のために発展してきたいくつかの働き、傾向、パターン、そしてネットワークの要を述べてきました。振り返ってみると、福音を中心とした教会が増殖することを通して、日本社会に変革を与えていく上で価値のある、十分な可能性を持つ原則や実践を、私たちの時代に適用することができることがわかります。

このことを踏まえた上で、次の数章では既存の効果的な教会再生産のモデルと再生産する教会リーダーたちの特質の概要を述べていきます。まず、日本で教会を効果的に再生産しているモデルに目を向けていきます。

第5章　日本で再生産する教会の効果的なモデル

日本における教会増殖にわずかな希望の兆しが見られます。これまで教会増殖の基盤ともなり得る拡大する教会ムーブメント、日本の社会的ムーブメント、教会開拓の傾向の例を見てきました。この章では、日本の教会再生産において現在効果が見られるいくつかのモデルに注目していきます。それぞれのモデルを見る前に、教会の宣教理念について少し述べてから、日本での教会開拓に用いられている共通のモデルを概説していきます。

今日、教会の本質に関して、世界中に広がっている共通の理解が存在します。教会の教義に関する再発見、回復、また刷新が見られます。急速に変わりゆく世界において、多くの人は、聖書的なキリスト教が教会内で、また現代文化においても受肉化することを望んでいます。それはグローバル化、都市化、ディアスポラ、北米とヨーロッパ以外の人口多地域における教会の発展などの世界の諸問題に対して教会が応答し、関与することにより実現されるものです。その結果、地域における教会の性質、本質、意味に対して新たな関心が高まっています。これによって多くの人々が聖書を調べ、教会の歴史を学び、教会を神学的に再考し、新たな教会モデルを実践的に実験し始めました。

教会に関する新たな枠組みや見方によって、多くの教会や教会リーダーたちは地域教会の現代的な実例としての新しいモデルを開発しました。「イマージング・チャーチ」のようなムーブメントもいくらかの警戒感を伴いながらも、その助けになっています。伝統的に理解され、実践されてきた教会に関する理解の改革には、教会組織や基礎構造の刷新が多く伴います。健全で、文化に適合した、成長していく、地域の人々主体の、増殖していく教会を実現することへの欲求は、教会の重点と適用において多くの転換をもたらしました。

ある教会は、組織や施設としての教会ではなく、神の民としての教会に重点を置くように移行しています。人の手によって作られた組織ではなく、聖霊によって創造された教会の有機的な生命体にさらに多くの重点が置かれてきています。多くの人々は大聖堂や教区といった教会形態から離れ、特に教会の型や構造に関して言えば、より有機的な教会に移っていきました。多くの場合、より単純で基本的な種類の教会へと転換しました。また多くの人々は教会の宣教的本質と、地域社会と世界に対する教会の宣教の使命を再発見しています。宣教的な教会のムーブメントは、ヨーロッパと北アメリカにおいて、施設としての教会や自分たち自身だけに焦点を当てている教会を方向転換させることに関心を向けさせてきました。その結果、様々な異なった宣教理念を持つモデル、教会構造の種類、組織のスタイルが生まれました。これによってリーダーシップ、教会活動、教会の物理的な位置などのあらゆる点が影響を受けました。

使徒の働き以降、教会史を通じて、多くの異なった教会の種類やモデルを見ることができます。世界中の多くの牧師や教会信徒に教会の聖書的な本質を再発見させる、さらに多くの新しい教会のモデルや枠組みが、北アメリカ、ラテンアメリカ、ヨーロッパ、アジアにおいて発展してきました。その結果、求道者配慮型や目的主導型の教会のような宣教重視のモデルが発展しました。セルチャーチやハウスチャーチといった、より単純で有機的な教会を選ぶ人たちも現れてきました。

統計によれば、日本の教会は概して再生産をしていないと言えます。教会の総数は過去六年間のうち五年にわたって減少しています(クリスチャン新聞、二〇一六年三月)。ほとんどの地域教会は実を結ばず、おそらく不健全で、教会を再生産することができません。日本の大多数の教団教派は横ばい状態か、衰退しています(第1章参照)。日本において確実に必要なものは、より多くの教会であり、新しい教会開拓や再生産する教会なのです。

宣教理念

実際のモデルを見ていく前に、モデルの定義を再考察し、大局的に見る必要があります。教会のモデルは、教会の宣教理念の重要な要素です。どの教会にも、信仰基準声明文、教会の歴史、教会運営の概念や宣教理念といったものが存在します。「宣教理念とは、ある特定の文化的文脈において福音の働きをするにあたり、働き人または教会によって信奉され、かつ用いられている宣教の目的、価値観、形式、戦略、モデルからなる独自の組み合わせ(Global Church Advancement 2007, 129)です。教会の宣教理念は以下の多くの質問に答えることができます。まず地域教会の神学に関するごく広範な質問から始まります。

•主の教会はなぜ存在するのか？（ビジョン）

•主の教会は何をするべきものなのか？（目的）

どの教会においても「根本的な」教会の聖書的目的と機能が表されるべきです。すべての教会は神の栄光のために、みことばを教え、祈り、交わりをし、神を賛美し、すべての人々に証しします（使徒2章42〜47節）。それからこの地域教会とその文脈に合わせた、より具体的な質問について考えます。

•この教会の働きの中心的な動機は何か？（価値観）

•この教会はどのように福音の働きをするのか？（スタイル／方法と戦略）

•この教会が持っているその働きに特有な計画は何か？（宣教とモデル）

教会の宣教と戦略については以下の質問を通してまとめることができます。

- ここで誰に仕えるか？
- 人々が感じている最も重要な必要と、現実的な必要は何か？
- それらの必要を満たすために、何をしようとしているのか？（同書, 129）

また、それぞれの教会が置かれた背景は独特で、その宣教理念を実践する際にも独特さが現れます。聖書が教会に求めているものを満たすためには、それぞれの地域教会は様々な方法で自分たちの宣教理念を強調することができます。例えば、異なった賛美礼拝のスタイルやリーダーシップのスタイルを用いたり、独自の背景において神の目的を達成するために全く異なった戦略を用いたりすることがあります。実際、ある特定の教会にとっての宣教理念は、「歴史上のある時点でのある文化において、福音を人生、宣教、使命に豊かに適応させ、忠実に復帰させる『神学的ビジョン』」と大して違わないのです（Keller 2012, 19）。

教会のモデル

基本的な聖書の目的や機能がどのように教会において実現されているかを理解するもう一つの方法は、教会のモデルという概念の中に見られます。教会のモデルとは、「教会の構成要素として聖書が示す指標内において、教会開拓者およびその仕える対象となる人々の両者の文化によって定義された地域教会の表現形態を言います」（Payne 2009, 311）。教会のモデルは聖書の必要条件と教会の実践応用神学に基づいています。あるモデルは教会開拓者と宣教対象者の両者の文化理解に依存しています。モデルとは単なる表現形態であり、教会のあり方を最終的に定義するものではありません。

たいてい「教会のモデル」は、教会の種類という幅広い分類の中で取り扱われます。例えば、教区モデルの教会、メガチャーチ、ハウスチャーチ、都市近郊型教会、求道者配慮型教会などの分類です。このような教会のモデルに関する記事や討論においてはたいてい、ある特定の教会のモデルに熱中する傾向があります。それによって当惑やおざなりな態度、時に怒りさえ引き起こしてしまうことがあります。教会のモデルはもっと幅広い観点から見直す必要があります。

教会のモデルの全容

１　第一に、焦点はモデルではなく、聖書的原則に置かれなければなりません。常に聖書的原則と譲ることのできない教会の本質的要素にまず注目します。それから応用、実例、モデルに目を向けていきます。結局のところ、教会のモデルではなく、原則が中心であるべきです。働きをする際には、ただ他のモデルをまねるのではなく、モデルの背後にある原則を適用するように努めべきです。

2　神は、どのようなモデルの教会であれ、ご自分の教会を愛し、尊重されます。神が深く愛してやまない花嫁なるご自分の教会に与えてくださった多様性を、私たちも喜ぶべきです。どのようなタイプの教会であれ、神の教会の同志なる信徒、教会員として、神が働いておられることを共に祝うべきなのです。わずかな違いがあったとしても、神は教会の一致を非常に重んじられます。どのようなタイプやサイズであれ、教会を愛するべきです。あらゆるモデルの教会を受け入れ、尊重すべきです。

3　互いに学び合うことは常にたくさんあります。個人的には支持していない教会のモデルであったとしても、多くを学ぶことができると認めるべきです。私は、絶対不可欠な教会の原則や特定のモデルで実証された長所に新たな目を向けることで、現在の教会の働きに急進的な影響が与えられることを望みます。地域教会の構成要素、リーダーシップの役割と資質、教会の活動や必要条件、働きの物理的な位置などに対する、根拠のない思い込みには気をつけるべきです。このような学びに対する態度を育むことによって、分裂を起こす可能性のあるエリート意識や批判的態度の危険性を回避することができます。聖書的原則を一貫して実践に適用させる先駆者たちもいます。まだその域に達していない他の信徒たちに対して、忍耐をもって接していく必要もあります。求められている変革が現在の教会の秩序に対する脅威になる、と感じる信徒たちもいるかもしれません。私たちは信仰をもって、神の教会を通して神に栄光を帰するのに必要な原則や変革を学び、受け入れていかなければなりません。

4　純粋な教会モデルというものは存在せず、常にさらに新しいモデルが存在することを認める必要があります。それは健全であり、望ましいことです。変わりゆく文化の中で、また教会に関する理解が高まる中で、新しいアプローチや教会のモデルが作られていきます。

5　ある一つのモデルがあらゆる状況に対応できるということはありません。すべてのモデルや適用がすべての状況に適するのではないことを私たちは認めます。新約聖書にも見られるように、「教会活動する」多くの方法が存在します。マクドナルドやセブンイレブンなどのコンビニのようなフランチャイズのように、どの教会もみな全く同じであるべきということはありません。地域教会の真のしるしは、その教会の置かれている文化的背景に関わり、どのように変革をもたらしているかなのです。教会を開拓、また指導している者は誰でも、他の者が発展させた原則に基づいて、自分自身のモデルを精いっぱい作り上げていきますが、それぞれの状況は独特です。どの道を選ぼうとも、最善のアドバイスは、とにかくシンプルに行うということです。

6　モデルを変えていくことは容易ではなく、時には不可能な場合があります。多くの専門家は、ごく普通の教会のモデルが、シンプルなセルチャーチ型や、ハウスチャーチ型に変換していくことはほぼ不可能だと考えます。日本の教会実践者たちは、多大な集中力と労力を注ぐことで教会がセルチャーチのモデルに移行するのは可能であることを経験してきました。しかし多くの者は、一般の教会モデルに刷新をもたらせるのにある種の原則だけを適用させることを支持しています。一般の教会がよりシンプルなセルチャーチやハウスチャーチを開拓するのに効果的な基盤として用いられる、と主張しています。また、様々な理由で異なる教会のモデルへと変革したり移行したりする自由が、今のところ与えられていない教会の指導者たちが存在することも認めざるを得ません。

7　将来の教会のモデルは確かに異なったものになるでしょう。教会のモデルや適用は時代とともに変化します。ですから、将来神がなされるどのようなことも受け入れる準備が必要です。比較的まだ新しいことですが、セルチャーチやハウスチャーチのサブモデルがすでに作られています。ここ数年、「宣教コミュニティ」と呼ばれるモデルも日本に紹介され、これから時間をかけて実践されていくことでしょう。

日本における一般的な教会開拓のモデル

日本が一八五九年に貿易を再開してから、プロテスタントの宣教師たちが日本に渡って来ました。最初は函館、東京、横浜、神戸、長崎や他の数か所に限られていました。彼らの宗教活動も制限され、日本人をキリスト教に改宗させることは違法となっていました。大半の宣教師たちは様々な学問を教える教育家として働き、関心が高まっていた西洋思想や西洋の学問の一端としてキリスト教を教えていました。日本人に影響を与えようと、教会と並行してミッションスクールが開校されました。一八七三年に宗教活動の制限が軽減され、この教育を基盤とした宣教方法は、生徒たちをキリストに勝ち取る目的をもって続けられていきました。

山森は、杉井六郎による初期のキリスト教改宗パターンの研究を引用して、この主流な教会開拓のモデルを「学校アプローチ」と分類しました。「そこで学校アプローチは、キリスト教信仰の知的・個人的受け入れと特徴づけて差し支えないであろう」（山森 1985, 77）。この時代の教会はおもに若い学生、個人、たいてい多くの女性たちで構成されていました（山森 1985, 176）。この「学校アプローチ」のモデルにはいくつかの特徴があります。「キリスト教が一つの教えとして理解されていたという点である。回心者は長い学びの末に教会に入会した」（山森 1985, 176）。教役者が教師としての役割を担い、土地付きの建物を持つことが必要とされました。

第二次世界大戦後、宣教団体や教団はおもにこのモデルを使って教会を開拓していました。開拓地において教会を開拓する「一般的モデル」は、汎用的モデルとして見られています。日本の教会開拓の一般的、伝統的なモデルの特徴は「学校アプローチ」に類似しています。教会はしばしば教役者中心で、建物や集会所に依存し、日曜礼拝が中心となっています。伝道の方法も、「学校モデル」のように、教会で伝道集会を開くような直接的、正面玄関的なモデルを用います。これらの教会は小グループなどのない典型的な単細胞式の教会で、おもにキリスト教の霊的な関心事や教育への関心を通して地域とつながり、まず教会の活動やプログラムに力を入れます。

四十五年前にニール・ブラウンは、日本の教会開拓の典型的な方法を開拓伝道として記述しています。「日本において新しい教会を始める最もよく用いられる方法は……教会や宣教団体が専門職の聖職者を一人か二人ある地域に派遣し、彼らを経済的に助成します。教会が全く存在しない地域や、既存の教会が宣教活動をしていない地域においては、間違いなくこの方法が用いられます」（ブラウン 1971, 31）。まだ一つも教会がない地域が何百もあることを考えれば、宣教師と日本人による開拓伝道の必要性はまだ終わっていないと言えます。しかし、ブラウンは、日本に必要とされている伝道の大きな任務を考える時、このよく用いられる方法の効果性に疑問を呈しています。「方法として見るならば、手際が悪く、時間がかかり、法外の費用がかかります。それだけでなく、ほとんど一般信徒は関わらず、ほとんど聖職者中心の活動になります。このような教会増殖の方法では日本をキリストのために勝ち取ることは決してできません」（同書 1971, 31）。過去四十五年を振り返れば、「日本の既存の教会はほとんど新しい教会を生み出していない」（同書, 30）という主張は正しかったと言えます。

再生産する日本の教会に関して行われた最近の現地調査は、以下のように結論づけています。

いくつかの教会は、他の教会の協力を得ることなく、過去十年間に新しい教会を生み出すことができませんでした。教会開拓者たちは、六年から十二年、あるいはそれ以上かけてようやく活動的な教会員数、ミニストリー、組織、財政において安定するようになるので、この任務を非常に困難であると認めています。神学校を卒業したフルタイムの牧師を雇い、土地と建物を確保するための多大な財政支出が必要とされる伝統的な教会開拓のモデルは、さらにその困難を深めます。現在のところ、実際に再生産している教会はほとんどなく、再生産している教会の多くは、教会を一つ開拓するだけの資源しか持ち合わせておらず、教会を増殖するには至っていません（メイン 2010, 14）。

過去三十年間、様々な教会のモデルや教会開拓の方法が日本に紹介され、新しい教会開拓のモデルを研究し、また実践に移す宣教団体や教団がいくつか現れてきました。それにもかかわらず、あるグループの中では教会開拓の「一般的なモデル」が引き続き教会開拓の最善の方法として理解され、多くの日本の教団や宣教団体で用いられています。教会開拓のモデルに必要とされている要素はたいていこの「一般的なモデル」に欠けている要素です。それらは、

- 地域とさらに多くの関わりを持つ
- 信徒リーダーと、時に教役者を含むリーダーシップ
- 小グループ
- 教会内での活動（関心を引く活動）に加えて、複数の地域におけるアウトリーチ（分散伝道）
- 家族全体に届く伝道

- 伝道とリーダーシップに動員される信徒たち
- 弟子、リーダー、教会の再生産

効果的な教会再生産のモデル

ここから、日本で教会を再生産する効果的なモデルを六つ紹介します。これらのモデルは、現地調査、インタビュー、個人的観察、多くの宣教師や牧師とのミニストリーに関する考察などをもとに選びました。教会の成長の他の基準（効果的な伝道、弟子訓練、リーダーの育成など）も確かに大切ですが、きわめて重要な基準はこれらのモデルが教会を再生産しており、日本の文脈において効果的に用いられている原則を実証しているという点です。ここで取り扱われている教会はおもに日本人のリーダーによって指導されており、二つの例だけが、現在宣教師によって導かれています。

ここで紹介するモデルは、いくつかの資質を備えています。きれいに整ったものではありません。他にはないというものではなく、重なる部分もあります。私の選んだ特殊な用語が用いられている場合もあります。できるだけ広く紹介しましたが、ここに含まれていない他の効果的なモデルも存在するかもしれません。これらのモデルの例は説明のためであって、あるモデルの唯一の例や最高の例を取り上げているわけではありません。六つのモデルの紹介の順番には特別の意味はなく、単に紹介しやすい順になっています。

この章では、現在日本で開催されている教会開拓トレーニングにおいて紹介されたケーススタディをもとに六つのモデルにまとめています。これらのモデル例の紹介と同時に、適用されているミニストリーの原則に加えて、それぞれのモデルの長所も強調しています。

1 宣教の対象を絞った宣教的モデル
2 ネットワークによる教会開拓
3 シンプルチャーチのネットワーク
4 セルチャーチの再生産
5 複数の場所における教会（マルチサイト教会）
6 派遣型教会

対象を絞った宣教的モデル

このモデルは、特定の人々を対象にし、そのコミュニティに関わり始め、宣教対象となる人たちとの関係を築き、小グループを形成し、後に公の礼拝を始めます。まず、宣教対象のグループを特定し、集中的に調査を進めます。宣教チームは、宣教対象の必要を理解し、福音によって変革をもたらす戦略を模索し、その背景に合った独自の理念と接触方法を展開します。次にチームは宣教対象の中に移り、福音を受肉化し、そのコミュニティと個人の必要を学び始めます（教会のプログラムを通してではなく、宣教的な共同体としてのアプローチ）。チームのメンバーはコミュニティと関わり、関係を深めながら、宣教対象のグループの理解を深めます。対象グループに対しては個人伝道によって関係に基づいた伝道が進み、関係が深まるにつれて伝道の機会も増えていきます（図4参照）。関係に重点を置いた小グループを展開し、その中でリーダーを建て上げていきます。続けて、収穫の中からチームを建て上げ、宣教的なミニストリーも建て上げていきます。十分な数の人々との関係が築き上げられるまで、公の礼拝を始めません。十分な数の人々が集まって（たいてい、少なくとも四〇～七〇人）、毎

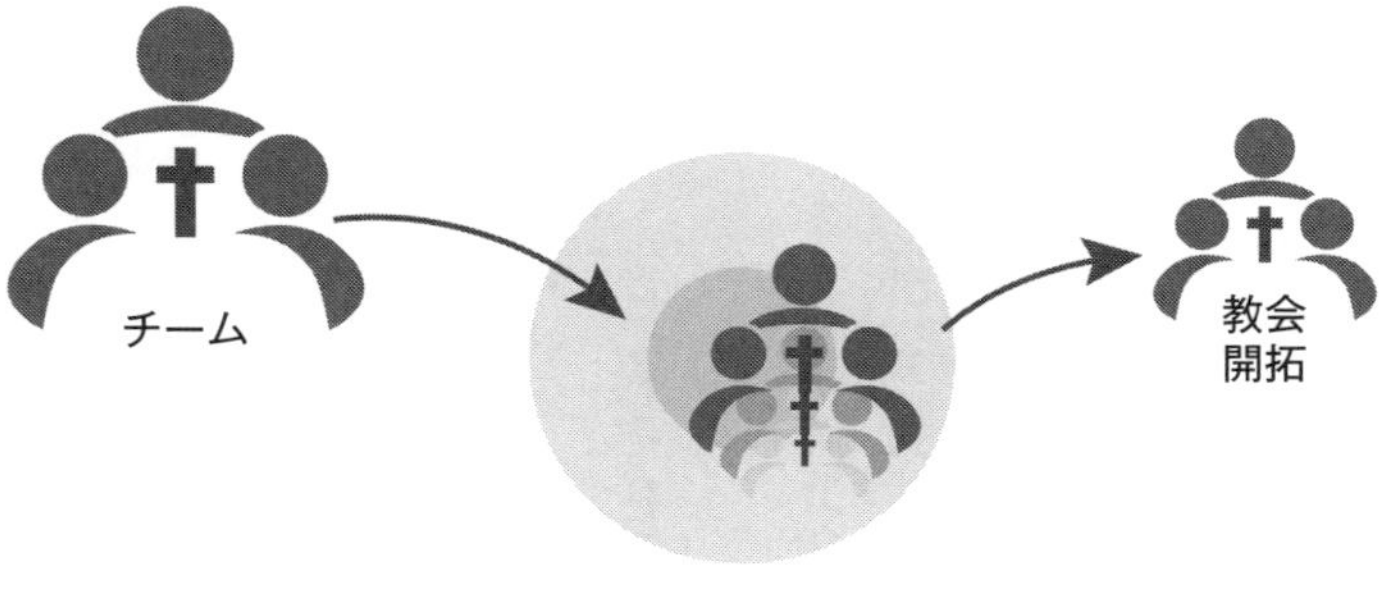

図4　対象を絞った宣教的モデル

週の公の礼拝が「立ち上がり」ます。教会を一つだけ開拓することではなく、教会を増殖するムーブメントを立ち上げることが目標なので、再生産のために強く、成長する「最初の」教会をつくり上げることを目指します。

ミニストリー例

1　グレース・シティ・チャーチ東京（福田真理牧師）は二〇〇九年に宣教対象のコミュニティに移り、十八か月を費やして東京駅近辺の無教会地域にいる都会の若いビジネスマンやアーティストとの関係を築き上げました。この期間に、チームメンバーはそれぞれが知り合った人たちと一対一の聖書の学びや小さなコミュニティグループをコーヒーショップやレストランで持ちました。チームは五〇人ほどの人たちとの個人的な関係をまず深めてから、公の礼拝を開始しました。コミュニティグループのために、リーダーを見出し、訓練し、コーチしました。五年後には、毎週二回行われる礼拝の出席者が二〇〇人にまで増え、コミュニティグループも一四にまで拡大しました。子教会であるグレース・ハーバーチャーチ（青柳聖真牧師）は、東京湾の豊洲地域を宣教対象にし、二〇一一年に宣教を開始しました。毎月一回行われる礼拝を二〇一四年に開始し、一年後には礼拝が毎週行われるようになりました。この本を執筆している際に、この子教会はすでに孫教会を生み出す計画を立て始めていました。これらの教会は他の教会と合わせて合計で六つの教会が参加している「グレースチャーチ教会開拓ネットワーク」を形成しています。

2　都市部の未信者を対象にバイリンガルの礼拝を用いる方法で教会を開拓するために、数人の外国人宣教師と日本人の協力開拓者たちが派遣されました。この教会は個人伝道とアウトリーチ伝道のイベントによって多くの人々との関係を築き上げてきました。弟子訓練とシステム的にリーダーを育成するための小グループが用いられています。教会内で訓練を受けた者たちが派遣されて、一二以上の教会が日本の大都市といくつかの海外の地域に開拓されています。

ミニストリーの原則と評価

- チームは宣教対象としているグループの中に移り、生活をしている。
- コミュニティの個人的、社会的、また霊的な必要に受肉的に触れている。
- 宣教対象グループと交流を持ちながら、草の根の取り組みによって福音を文脈化している。
- 関係に基づいた伝道が基本で、伝道集会などのイベントはたいてい関係が十分に築かれてから用いられている。

- 一対一、あるいは小グループによる学びと成長が強調されている。
- 個人的な関係が深まって初めて組織的な伝道や礼拝が確立されるので、忍耐が必要とされる。
- 弟子、リーダー、ミニストリー、そして教会などのすべてが再生産されるように、再生産が教会のDNAに含まれている。
- このようにチームを育成し、コミュニティへ移動し、教会を開拓するには多くの人的資源と経済的資源が前もって必要である。しかし、「上陸拠点的教会」の開拓は教会増殖ムーブメントへの大きな潜在力を備えている。この最終的なビジョンは過程の中で決して失われてはならない。
- 重要な問題は、指導的人物のもと一致したチームを作ることである。リーダーたちへの評価、コーチング、支援がきわめて重要になる。
- 人口が少ない、または激減している地方では、このモデルを教会開拓のモデルとして用いることは非常に困難か、ほぼ不可能と言える。

ネットワークによる教会開拓

三つ以上の教会がネットワークによって提携し合い、それぞれが三年以内に一つの子教会を生み出します。たいてい開拓された子教会はシンプルチャーチ（セルグループ）で、信徒によって導かれています。ネットワークの目的は、互いに学び合い、励まし合い、教会増殖のビジョンを分かち合い、それぞれの参加教会が三年という期間に子教会を一つ開拓することをより容易にさせることです。これは設立された教会が再生産を行うのに有効な証明済みのシステムです。アジアン・アクセス・ジャパンのＪＣＧＩネットワークは、毎月集まる地域別ネットワーク研修会において、コーディネーターとアドバイザーに加え、このトレーニングシステムと参加者マニュアルを提供しています。それぞれの参加教会は親教会ネットワークに属し、自分の子教会を開拓します（次頁・図5参照）。ネットワークの参加者は自分たちの教会開拓に集中し、他の教会の参加者には励ましと祈りでサポートするだけで、他の子教会の開拓には直接かかわりません。これらの地域別教会開拓ネットワークの主任牧師たちはコーチング関係（バルナバミニストリー）によって励ましをと支援を受けます。

最初のネットワークは一九九六年にＪＣＧＩによって始められ、その後、北海道、関東、関西、九州、沖縄といった地域に拡大しました。ＪＣＧＩネットワークは自分たちの地域で教会を増殖するためにネットワークを形成したいと願っている教会を歓迎しています。現在このようなネットワークが日本全国に約三〇存在しています。開始時から数えると、約五〇の教会がすでに開拓され、さらに五〇の教会を開拓する可能性があります。他の国々では同じ教団教派の教会だけでネットワークが形成されているのに対し、日本のネットワークは異なった教団教派の教会が同じネットワークに存在していることがあるという点で、信じがたいほど素晴らしいことです。そのほうがアイデアの相互交流ははるかに可能になります。ネットワークは大抵三年間の期間の後に公式には終了となりますが、同じ地域で似たような教会増殖のビジョンを継続していく強い関係が残ります。

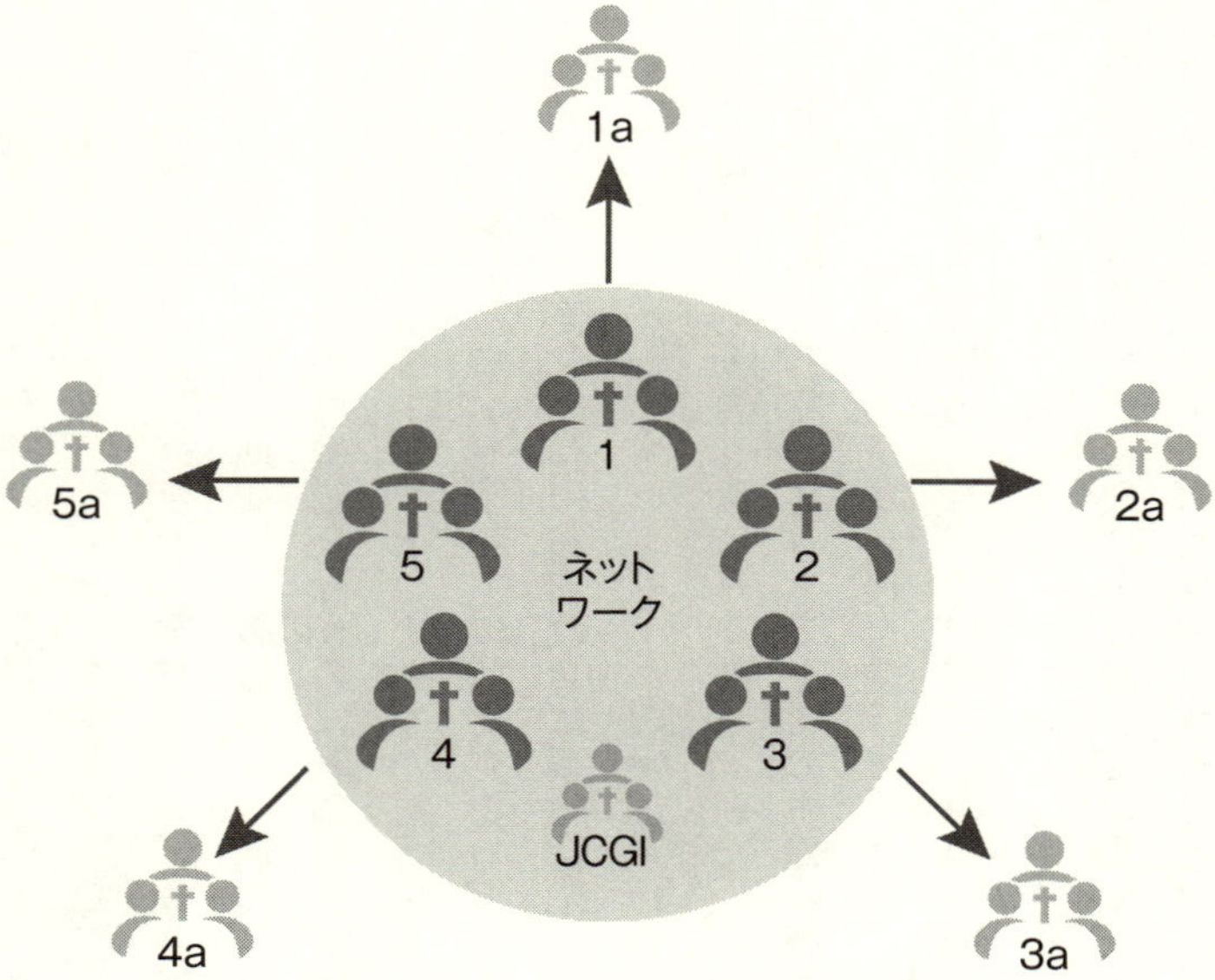

図5　ネットワークによる教会開拓

ミニストリー例

１　山形プロジェクトは、一九九六年に五つの教会が三年間のサイクルで五つの新しい教会を開拓する計画をもって始まりました。第二山形プロジェクトは、この同じ五つの親教会が子教会とともに孫教会を開拓する二回目のサイクルとして一九九九年に開始されました。

２　仙台教会増殖ネットワークは二〇〇四年に六つの教会で始まりました。ネットワークが終了した二〇〇六年までに三つの新しい教会が生まれました。この過程で、ネットワーク内のいくつかの教会がパラダイムシフトを経験し、教会増殖と信徒によるミニストリーに対する新しいビジョンを受けました。その後すぐ二〇〇七年に同じ地域において東北・宮城ネットワークが四つの教会で形成され、教会増殖のビジョンが拡大されました。このネットワークは、トリプル災害がその地域を襲う一年前の二〇一〇年まで続きました。教会開拓ネットワークを形成していた同じ教会が、二〇一一年に宮城宣教ネットワークが発足する助けとなり、同じ地域のさらに多くの教会と共に伝道、教会増殖、被災地支援を拡大してきました。

ミニストリーの原則と評価

- ネットワークにより、それぞれの教会が子教会を開拓することがより容易になる。

- 信徒がリーダーの役割を担うシンプルチャーチを誕生させやすい。
- 数十年にわたって、様々な状況下で、効果が証明されたモデルである。
- 子教会のモデルとしては、子教会と親教会の距離と時間において実施上の制約がある。
- 目指すべきことは、ネットワークの初めから多くの信徒を取り込むことである。教役者はネットワークの集まりに頻繁に参加しやすいが、信徒の参加はなかなか実現しない。

シンプルチャーチのネットワーク

「ハウスチャーチ」はシンプルチャーチであり、たいてい信徒たちによって導かれ、家、賃貸スペース、コーヒーショップ、レストラン、カラオケボックスなどの公共の場で集会を持ちます。しばしば、それぞれの教会は他のシンプルチャーチとネットワークによって緩くつながっています。ときには複数のシンプルチャーチやネットワーク全体で一緒に参加するリーダーシップ訓練があります（図6参照）。

現在、おもに東京と大阪地域において、信徒が導く数十もの「ハウス」チャーチからなる増殖するネットワークが存在します（藤野 2007, 2-3）。東北におけるトリプル災害の後、他のネットワークもその地域で形成されました。あるネットワークでは弟子の増殖が七世代まで続き、二つのハウスチャーチに三〇人から四〇人が参加しています。これらのシンプルチャーチは分かれて独立したり、新しい教会を生み出したりするのがしやすくなっています（藤野 2009; コゼン 2010）。

ミニストリー例

１　ビーワン・ネットワーク（チャド・ハドルストン牧師）は、二〇〇〇年にヨハネの福音書17章21節の「一つとなる」というイエスの命令を受けて、大阪で働きを始めました。弟子訓練の働き、ライフ・トランスフォメーション・グループ、天外内トレーニングを通して、いくつかのハウスチャーチが始められました。現在、六つのハウスチャーチが大阪、京都、滋賀の家庭

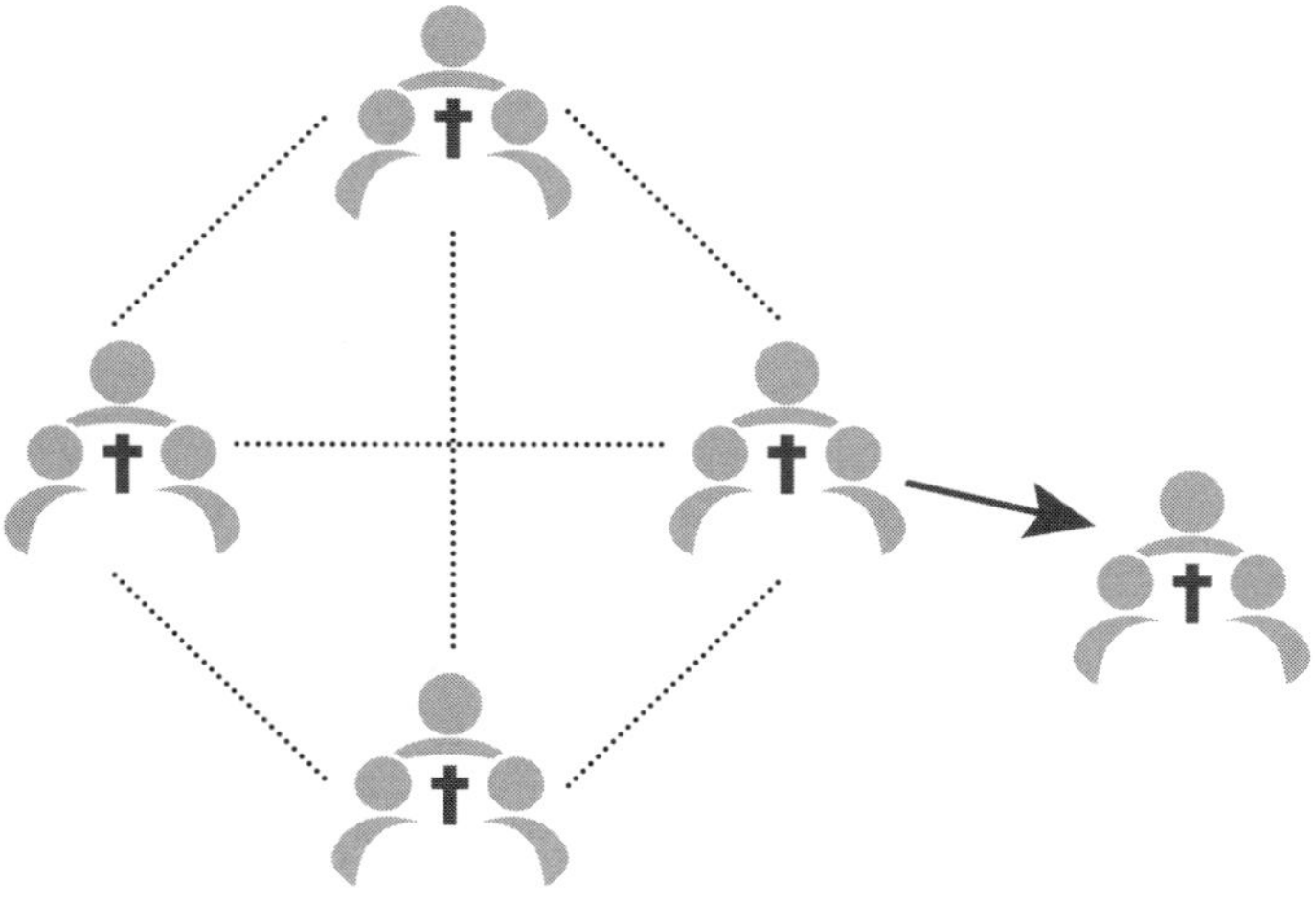

図６　シンプルチャーチネットワーク

で、三つのグループが同じ賃貸スペースを異なった日に使って集会を持っています。美容院、レストラン、コーヒーショップなどを集会に用いる場合もあります。合同礼拝が月一回あり、リーダーたちが定期的に合同トレーニングを受けています。

このシンプルチャーチのネットワークは、二〇一一年に起きたトリプル災害の後に、東北地方での救援活動に積極的に参加しました。ネットワークは災害復旧活動や清掃活動に加えて、伝道活動、弟子訓練の働きを行い、新たな宣教の基礎を築きました。礼拝は石巻市渡波にある家で始まり、四〇人ほどが集うようになった後、アウトリーチ用のスポーツセンターで毎週の礼拝を持つようになりました。しばしば彼らは三つのハウスチャーチに分かれます。一つのグループは、石巻市の被災者の女性たちがアクセサリーなどを作って生計を立てることができるようにと始められたソーシャルビジネス「のぞみプロジェクト」において集会を持っています。教会のリーダーたちは、次世代を宣教対象にするため、定期的な訓練を受けています。

2　関東ハウスチャーチネットワークは二〇〇六年に発足し、当初は十九～三十歳の若者を対象にして始められましたが、宣教は他の世代の人々へと拡大しました。最初は宣教師によって導かれましたが、現在は日本人のリーダーたちによって導かれています。このネットワークは、お茶の水、松戸、所沢、品川、神奈川、東京などの関東地方の六つの地域で、少なくとも八つの教会が集会を持っています。家庭、ダンススタジオ、カラオケボックス、診療所、他の営業所などで礼拝をします。たいてい毎月定期的に、リーダーのための訓練を行っています。ネットワーク外の他のハウスチャーチのリーダーたちにも、訓練やコーチングを提供しています。

ミニストリーの原則と評価

- このより新しいスタイルの教会モデルは、よりシンプルな構造、スモールグループを重要視し、信徒をミニストリーのリーダーとして動員しているので、教会の開拓と再生産に有利のように思われる。
- これらのシンプルチャーチは、深い関係を大切にし、教会内のリーダーシップをチームワークによって共有している。
- これらのシンプルチャーチを始めるにあたって、組織的な構造はほとんど必要ではない。
- シンプルチャーチは急速に始められるが、残念ながら急速に消滅してしまうことも多い。これらの教会を支え、消滅させないためには、ネットワークは毎月のセレブレーション集会のような合同の「教会」としての集会をさらに多く持つべきである。

- 特に宗教的な目的で集まる時、コーヒーショップや事務所などの公共の場で集会するのと比べて、家庭での集会は一時的で、疑わしく、時にはカルト集会のようなものであると多くの日本人から見られる。

セルチャーチの再生産

セルチャーチには二つの主要な機能があります。①大きなグループで行う「セレブレーション」と、②多くの「セル」または小グループです。これらのセルグループは、その場で教会生活の焦点が発生するシンプルチャーチとよく似ています（図7参照）。セルチャーチは新しいセルグループを継続的に生み出すことによって再生産します。その方法は、①直接生み出す、②パートナーシップによって再生産する、③セルを開拓することです。いくつかのセルは容易に自立した教会になることができます。これらの多くの教会は日本セルチャーチ宣教ネットワーク（ＪＣＭＮ）とつながりを持っています。

ミニストリー例

1　本郷台キリスト教会―横浜市栄区（池田博牧師）は、地域別に分かれ、増殖し、分裂し、新しいセルを始める数十のセルグループ（牧会ファミリー）からなる大きな教会です。リーダーシップセルは、「ファミリー牧会者」と呼ばれるセルグループのリーダーたちを支えます（月井2002）。

２　セルの働きを通して、練馬グレースチャペル─東京都練馬区（横田義弥牧師）は、三十分ほど離れた場所に、さらなる子教会を生み出すビジョンを備えた、清瀬グレースチャペルを開拓しました。教会の「10－40ビジョン」は二〇二〇年までにセルの新規開拓、子教会開拓、セルグループのネットワーク化などを通して、少なくとも四〇のセル教会を生み出すというものです。

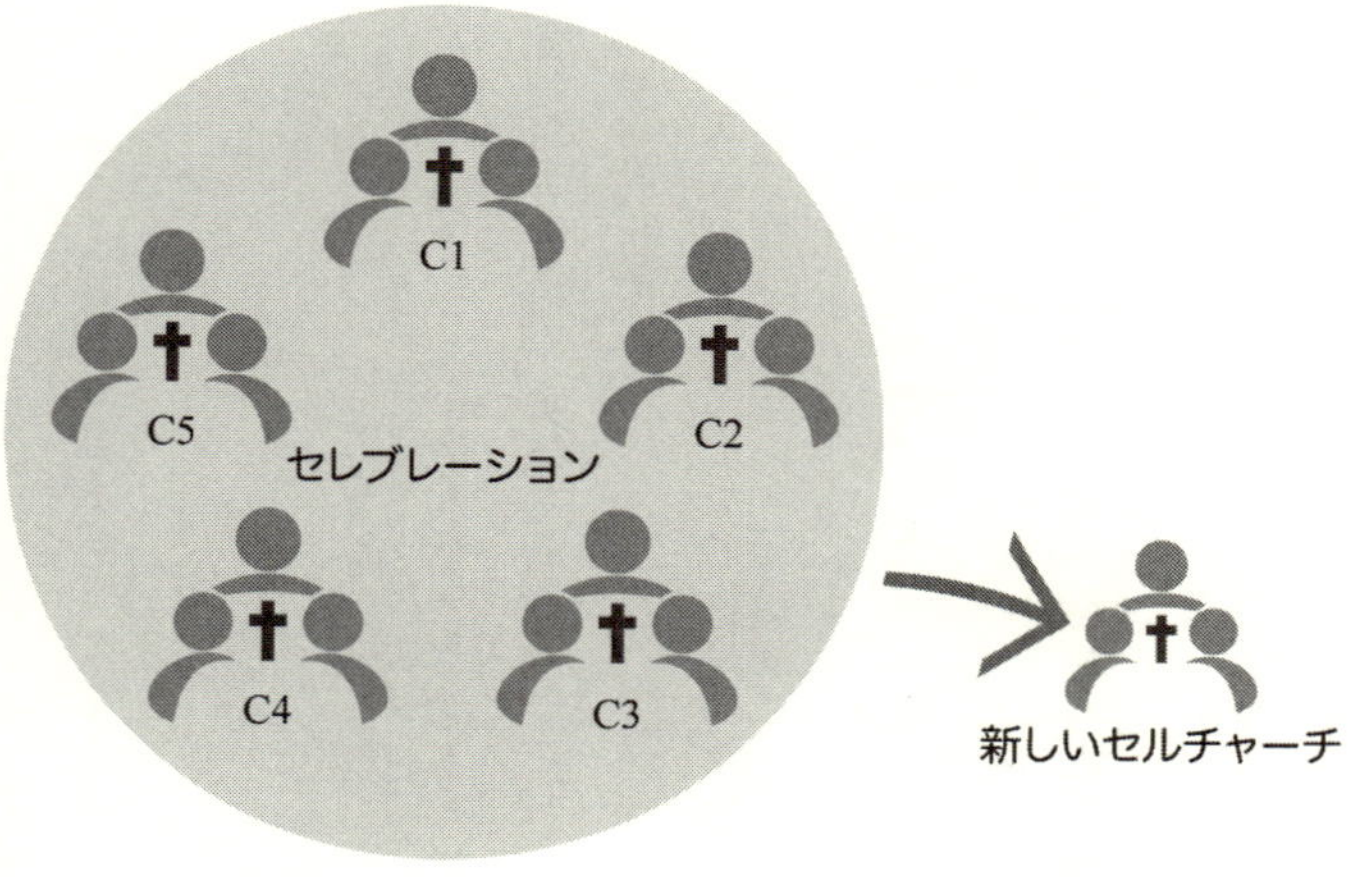

図７　セルチャーチの再生産

3　グレースコミュニティ（旧・手稲福音キリスト教会、益田良一牧師）は、教会員全員が数十あるセルグループ（家の教会）に属しています。伝道と教会のミニストリーによって、自然に新しいセルグループを生み出しています。

ミニストリーの原則と評価

- 数では圧倒的に劣るクリスチャンにとって大きな励ましとなる大集会と深い人間関係を共に提供しているこのモデルが、日本で信頼できるものだと信じる者もいる。
- 多くの弟子訓練と牧会ケアがセルグループ内で行われている。
- セルグループのリーダーを募り、訓練し、コーチすることによって将来の牧会リーダーたちを育成している。
- 教会増殖が起きる際に一つのセルためや複数のセルのためだけでなく、教会全体の支援を受けることができる。
- 再生産は、セルを分離独立させるか、必要のある地域においてセルを始める宣教的なセルの働きをするかによってなされ、とても単純にされている。

複数の場所における教会（マルチサイト教会）

組織的には一つである教会が、複数の場所で礼拝や教会活動を行っています。それぞれの会衆は同じビジョンを持ち、同じリーダーシップの下で働き、共通の予算を組んでいます（次頁・図8参照）。日本におけるほとんどのマルチサイト教会は、特定の都市や地域の近い距離内に存在しています。ある一つの会衆が強く十分に成長すれば、容易に新しい会衆を別の場所に分離独立させることができます。

ミニストリー例

1　おゆみ野キリスト教会―千葉市緑区（ダン・アイバーソン牧師）は、三つの駅のすぐ近くの三つの場所で五つの礼拝を持っています。四人の牧師が各礼拝の担当をしています。一つの共通の予算のもとで活動するので、伝道、弟子訓練、小グループなどの活動にさらに多くの焦点を当てることができます。

2　二〇〇九年のCPIカンファレンスにおいて、大橋秀夫博士はマルチサイト教会について報告しました。アメリカのマルチサイト教会の訪問から得た教訓と、日本における五つの事例が取り上げられました。そのうち一つの教会は、大阪府八尾市のグレース宣教会で、八尾市を中心に一七の会堂があります。

ミニストリーの原則と評価

- どの会衆も同じ教会のＤＮＡ、価値観、ビジョンを抱き、伝達しやすい。
- 宣教の焦点は組織作りではなく、伝道と弟子訓練に当てられる。
- 教会のリーダーは互いに励まし合い、支え合い、メンタリングし合う共同体である、牧師たちのチームからの恩恵を受けている。
- マルチサイト教会はリーダーシップのより多くの役割を、特に信徒たちに提供している。
- マルチサイト教会は教会開拓のリスクを著しく低下させる（Stetzer & Im 2016, Kindle location 2509）。

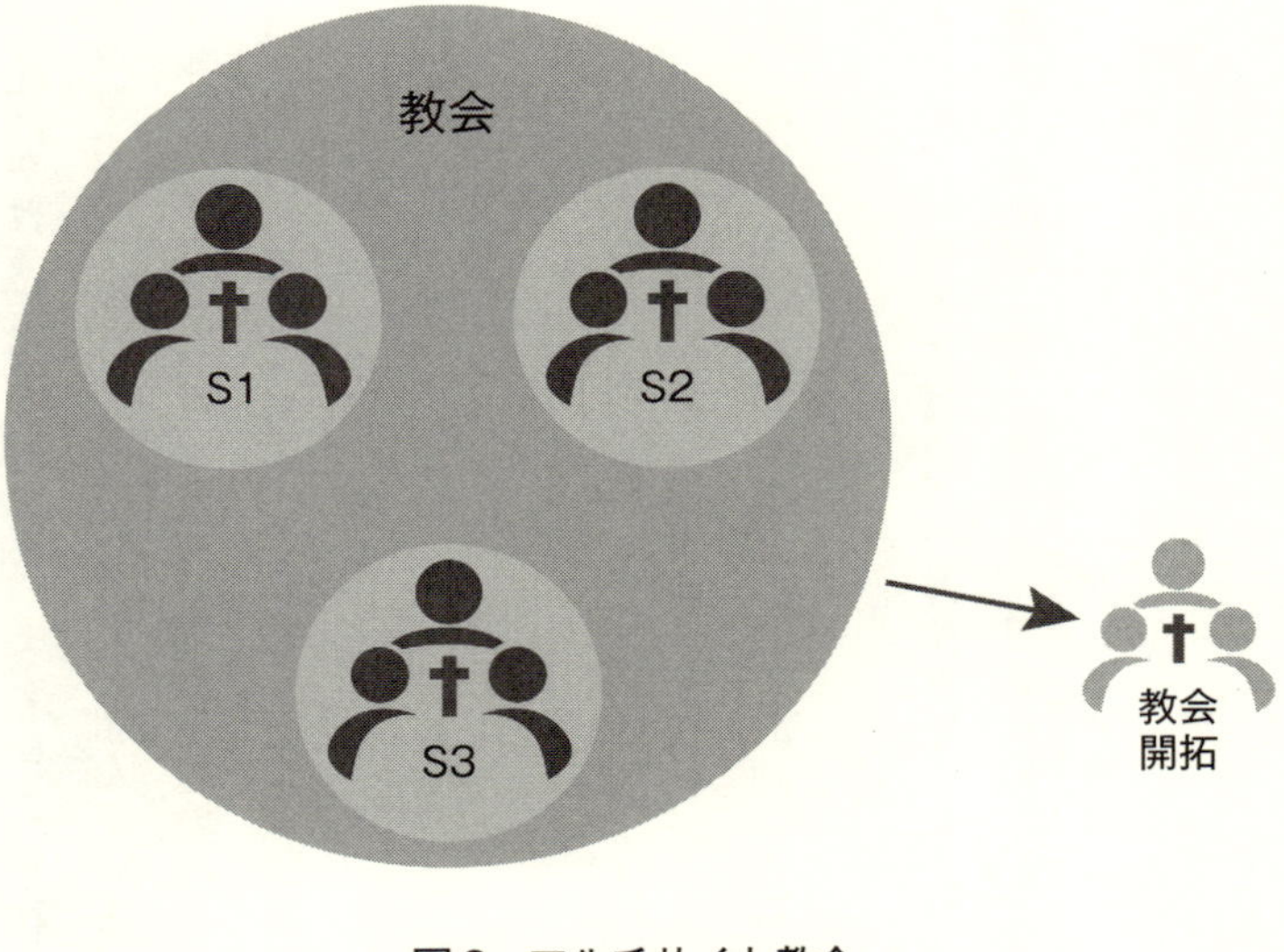

図８　マルチサイト教会

・マルチサイト教会はアメリカの教会の中でも急成長する分野であるが、日本ではまだ新しい現象である。日本において、ほとんどのマルチサイトの教会にはそれぞれの会衆「専門牧師（または同じ教師チーム）」が存在し、ビデオによる説教が同時に放映されることはまだ少ない。

開拓者派遣型の教会

このタイプの教会を再生産する教会は、教会開拓のビジョンを持つリーダーたちを育成します。リーダー育成の過程において、それぞれのリーダーは自分の宣教ビジョンを神に求めるように励まされます。そして教会がそれらのリーダーを委任し、派遣し、次のミニストリーを始めることを励まし、教会形成の次のステップにおける実践的な手助けをします。親教会の近くの戦略的な場所に子教会を開拓するか、転勤や転校などの機会を通して新しい場所に開拓をします（次頁・図9参照）。昔の宣教師はこのような教会増殖の方法を「イチゴ伝道」と呼びました。このような教会開拓のリーダーシップに関しては、第6章で詳しく説明します。

ミニストリー例

1　恵泉キリスト教会ネットワーク――山形県米沢市（千田次郎師）は、他の地域へ意識的に働き人を教会開拓者として派遣し、また転勤や転校の機会を用いて開拓をしています。この教会は二四の新しい教会を開拓し、そのうちいくつかの教会はすでに教会を再生産しています。教会は送り出された者を備えさせ、トレーニングやコーチングを用いて支えています。

2　東京ホライズンチャペル――東京都町田市・世田谷区（平野耕一師）は、近隣地域と軽井沢と名古屋といった遠い地域に一四のチャペルを開拓するために働き人を送り出しました。親教会は新しい

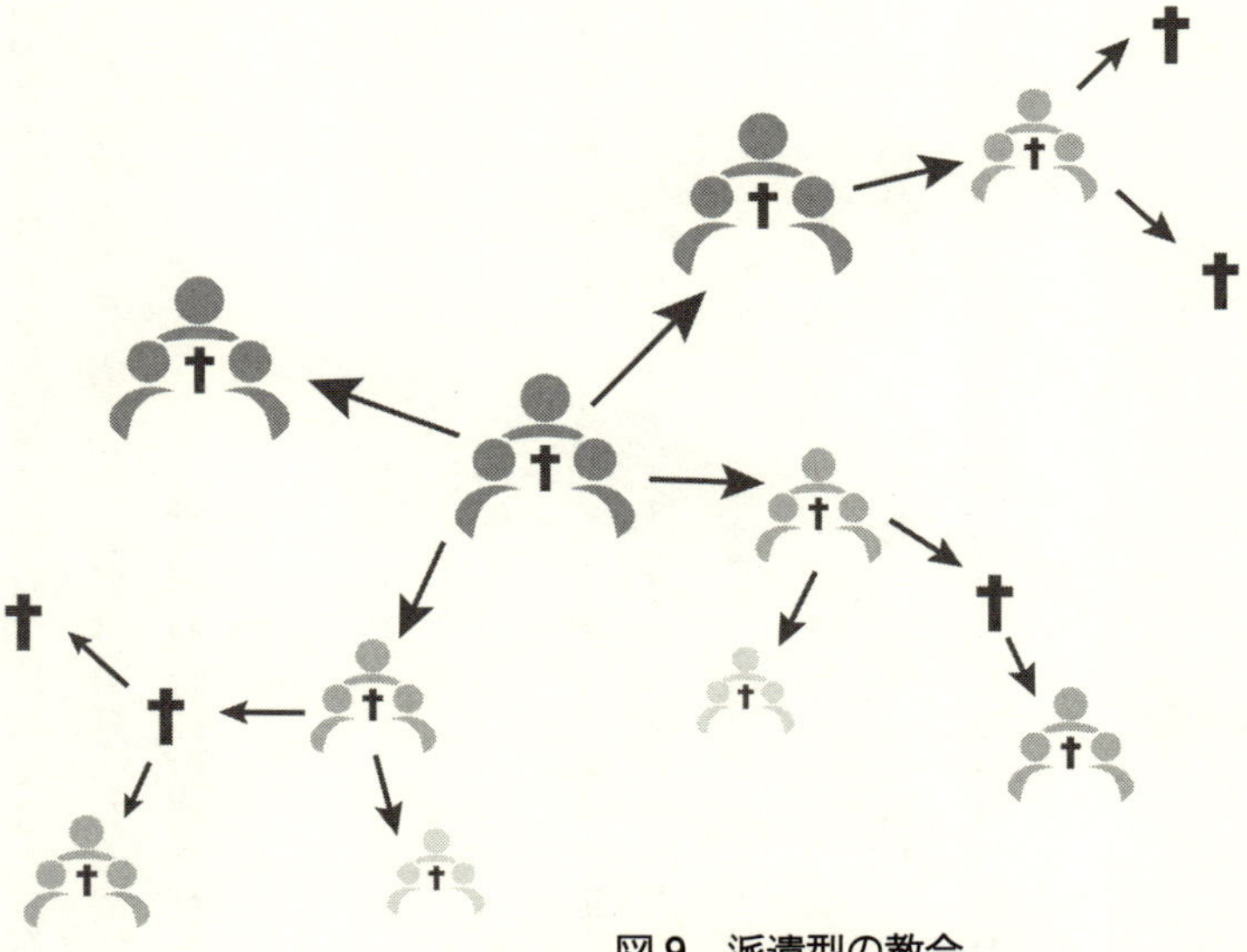

図9　派遣型の教会

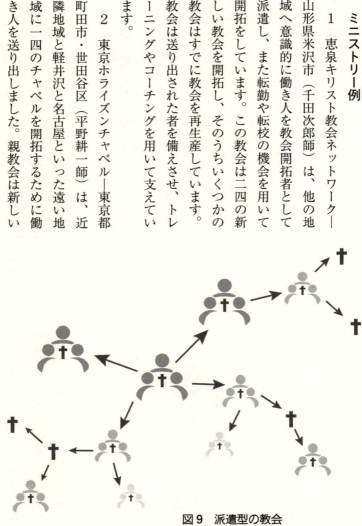

働き人に対して神学的な訓練を提供し、定期的な訪問とコーチングを通して教会開拓を支援しています。

ミニストリーの原則と評価

- 教会開拓は、信徒を整え、ビジョンを与えることによって自然発生的に行われる。
- リーダーたちを建て上げるための牧師の主要な役割と優先事項は、人々を育てることである。
- しばしば、開拓された新しい教会は、シンプルチャーチかセルチャーチである。
- これらの教会とそれから生まれた子教会は、励ましと支援のためのネットワークを築いている。
- 近隣へは多くの教会を開拓できるが、遠距離での新規開拓にはより多くの重点的働きと資源が必要となる。

原則のまとめ

これらのモデルから学ぶことのできる、日本における教会開拓の再生産に関する全体的な原則は何でしょうか？　六つのモデルに見られる、鍵となる原則の全体的な要約を以下に述べます。

1　大きな夢を見、大きく考えるが、同時に小さいところから働く。

2　単独の働き人や教役者ではなく、リーダーたちのチームを育成することによって、継続的な励まし、支援、訓練を実践することができる。

3　宣教の焦点であるグループとコミュニティを「釈義し」、理解することによって、特定の宣教対象を決定する。福音と、その対象グループに仕えるために働く教会を文脈化する。

4　明確なビジョンと宣教理念をはっきり伝え、伝道、弟子訓練、リーダーシップ育成のためのシステムを確立し、宣教の方向を示す具体的な成果を明確にする。

5　伝道とミニストリーにおけるリーダーシップに信徒を動員する。

6　呼び込み式（礼拝への招待、時別イベントなど）、あるいは宣教的な（必要を満たし、心に触れるためにコミュニティへ出て行く）関係に基づく伝道を拡大させることに焦点を当てる。

7　小グループを伝道、弟子訓練、リーダーの育成のために用いる。

8　ビジョンを発展させ、再生産と再生産の実践へと導く増殖のための計画を展開する。

9　マルチサイト、ビデオ説教を用いた集会、スカイプチャーチなどの創造的な方法を組み込む。

これらの六つのモデルが効果的であると見られている理由は、教会の再生産へと導く伝道、弟子訓練、リーダーの育成のために、再生産のための重要な原則を具体化しているからです。

効果的なモデルと一般的なモデル

ここで取り扱われている資料は、二〇一〇年に数十の教会や宣教団体に属する多くの教会開拓者たちに最初に紹介されたものです。発表後、ある経験の豊かなリーダーから非常に洞察に満ちた質問をいただきました。効果的なモデルのリストの中に、日本における典型的な教会開拓のモデルが含まれていないことに気づいたのです。一般的なモデルは発表者たちにとって実際に非常になじみ深いものでしたが、教会を再生産するということにおいては非効果的なものとして広く一般に見られていました。それゆえ、このリストには含まれていません。

歴史的に見れば、いくつかの日本の教団教派は、意図的ではなかったとしても、新しい教会開拓を外国人の宣教師たちに依存してきました。そしてそのような新しい教会は、後に日本人の牧師によって引き継がれていきました。このような教会開拓の多くは、その教団教派によってこの一般的なモデルを使うように奨励されていきました。ミニストリーチームが存在しなかったり、意図的なリーダーの育成がなかったり、教会の再生産の計画がなかったりすることが多かったため、これらの教会は宣教師がリーダーシップを日本人の牧師に移行した際に困難を体験していました。以前教会に通っていた人々が去って行ったため、日本人牧師には、はるかに少なくなった数の信徒しか残されていないという場合がありました。このような過程は、ある意味で部分的に失敗だったと見られています。

長年にわたって、一般的なモデルによって多くの教会が始められましたが、ほとんどは再生産していません。これは、一般的なモデルの教会は再生産できないという意味ではありません。再生産が起こることは非常にまれであるということで、多くの疑問をもたらします。再生産においてなぜ非効果的なのか、そのモデルが奨励されるべきかを熟考してみるべきです。非効果的なパターンを繰り返すことは教会の前進を妨げる、と考える人もいます。これはコミュニティを釈義し、人々との関係を築き、伝道し、弟子とリーダーを建て上げ、教会を再生産している他の教会開拓者たちとは全く対照的です。第3章で述べたように、ホーリネス教会は教会開拓における「学校アプローチ」が知的過ぎて、家族ぐるみの回心ができないという理由で「学校アプローチ」と明確に決別しました。その代わりに、新しい教会を確立するには「回心アプローチ」のほうがずっと良い結果が得られると考えました（山森1985, 176）。必要なことは、ずっと沈滞している教会モデルから徹底的に撤退し、聖書の原則にもっと忠実に従っているモデルを発達させることです。それには危険が伴いますが、より効果的に実を結ぶことができるはずです。

結論

日本の一部で教会が再生産されていることは非常に喜ばしいことです。実際に使える様々なモデルを通して、リーダーたちが掲げる再生産へのビジョンと宣教の原則を適用させることによって再生産の結果を見ることできるということが示されています。そのような教会のいくつかを例として述べてきました。たいてい、これらの教会のリーダーたちは自分たちの方法を他の人たちが完全に模倣することを望んではいません。そのリーダーたちは、すべての教会がそうであるように、自分たちの教会も何らかの欠陥があり、完璧だとは言い難いことを理解しているからです。また、それぞれの宣教対象のコミュニティは独特であることを理解しており、もし他の人たちが自分たちから何かを学び、それぞれの宣教を改善できるのならば、非常に光栄なことだと感じるに違いありません。日本において神の働きを実現させるためには、私たちにはまだまだ多く学ぶことがあります。

日本における教会の再生産の様々な効果的なモデルについて話してきましたが、次の章では、教会を再生産するリーダーたちと、そのリーダーとしての性質を分析していきます。

第6章　教会を再生産するリーダーたち

教会指導者、また教会のリーダーたちの共同体は、教会の再生産において最も不可欠なものの一つであると言われています。「多くの調査を通して、地域教会の成長と拡大にとって最も重要な組織的な要素はリーダーシップであることが確認され」（Wagner 1990, 20）ています。教会開拓において、リーダーシップはすでに鍵となる要因であることが示されていますし、教会の再生産や増殖においても鍵となる要因であることが確認されています。日本にはリーダーシップの必要があることは明らかですが、能力があり、教育水準の高い教会のリーダーたちも多くいます。日本の教会の状況を思い巡らすと、そのようなリーダーたちのほとんどが教会の再生産のために貢献していないのは残念に思えます。

もし日本の教会が減少している現状を変え、再生産による成長をしていこうとするなら、他の重要な要因とともに、リーダーシップについても解決しなければなりません。効果的に再生産し、増殖している教会のリーダーのような人たちをより多く見出し、育てる必要があります。教会を再生産するリーダーたちに特有の資質や態度を理解することは、日本の教会におけるリーダーシップのあり方の全体像を変えるのに大きな貢献を果たすことになると思われます。

この章では、日本で教会を再生産しているリーダーたちの特徴についての調査結果を示していきます。この実地調査は、過去二十年間に少なくとも三つの教会を生み出した六十以上の教会を対象に行われました。基本的な情報を得るために、それらの教会にアンケートを送りました。アンケートに答えた一三の教会のうち六つの教会を選び、掘り下げた準構造的面接を行いました。それら六つの教会から合計で六二教会が生み出されています。そして、性格、賜物、リーダー養成、神学的視点、役割、スタイル、優先順位、行動様式、教会増殖の実践について、六人の主要な指導者と八人の二次的リーダーに面接しました。再生産しているそれら六つ教会は日本の異なる地域にあり、教会の大きさも異なり、異なる教団教派に属し、伝統的な教会モデル、セル教会モデル、ハウスチャーチモデルを含む、様々なスタイルの教会です。

特に日本のような困難な国における教会の再生産は、特別なタイプのリーダーを必要とします。実地調査を通して示されたデータ分析により、教会を再生産するリーダーの主要な六つの特徴が明らかになりました。それは面接した牧師たちともう一人のハウスチャーチのリーダーによって確認されたものです。それらの六つの特徴は相互に関連しているようで、それぞれを個別に考えるべきではありません。その６つの特徴とは以下の通りです。

1　働きに関するビジョンを神から受け取る
2　危険を冒すほどの信仰を働かせる
3　教会を動的な派遣型の共同体と見なす
4　働きのために信徒を養成する
5　励ますことを通して人々との関係を用いて指導する
6　実践的な働きを通して積極的に実行する

働きに関するビジョンを神から受け取る

数十か国で行われたリーダーシップに関する国際的な調査では、「変革をもたらすリーダー」の一つの鍵となる特徴は、将来のビジョンをうち立て、そのビジョンをリーダーに従う人たちに伝達することであると結論づけています。これはグローバルなビジネスリーダーにとってその通りであり、また日本人のリーダーにも特に当てはまります。

リーダーシップに関する研究によれば、ビジョンは教会におけるどのような効果的なリーダーシップにおいても不可欠であると言われています。日本の教会のリーダーのビジョンに関する調査も、大きなビジョンを持っている人は教会開拓や教会の再生産をとても効果的に導くことを示しています（KDK 1986; Solheim 1986; JEA 1988; Satake 1994; Guthrie 1995; Kawasaki 2002）。

リーダーには神からの召命を受けていることと、働きのためのビジョンと方向性を持っていることが求められます。教会を生み出したある牧師はこう言いました。「地域教会は神の計画に従って建てられます。もし神の計画がわからないなら、教会がどこへ行くべきかがわかりません。リーダーの重要な役割は、神から［教会の］方向性を学び、それを［人々に］はっきりと示すことです。」この調査では、日本で教会を再生産するリーダーにとってビジョンが重要な要因であると仮定していました。働きのビジョンがどのように、どこで与えられたかについては、驚くべきことがわかりました。

神に聴く

これらのリーダーたちは霊的に敏感で、神に対して、聖霊に対して心を開いていました。もしビジョンが学ぶというよりも受け取るものであるなら、神以外のだれに耳を傾けるべきでしょうか。ある牧師はこう言いました。「それは私たちが計画を持つという以上のことです。それは神の計画を持つことです。祈り、神の御前に静まり続けるのです。神に聴くのです。」彼らがこのような霊的な敏感さという資質を持っていることは、そのように言った牧師たちを知っている二次的なリーダーたちとの面接を通しても確認されました。

神からのビジョンを受け取ることは、これらのリーダーたちの祈りの生活から芽生えてきたものです。神からのビジョンが示されるまで、ある牧師は毎週祈り、別の牧師は二、三か月祈り続けました。他の牧師はあるセミナーで二時間、人生の方向性について神のみ声を聴きました。彼は方向性を求めて神に耳を傾けた時、伝統的な「リーダーシップ」スタイルが「制限している」と感じました。

「私たちは一生懸命働いてきましたが、神の導きを受け取るために、神のみ声を聴くという鍛錬を軽んじていました。……神としっかりとした関係を持ち、働きにおいて神が望んでおられることを聴くことは大切です。断食するか、徹夜祈禱するかはその教会の文化に応じて選べばよいことです。しかし、神との生き生きとした関係の中で神からのビジョンを受け取ることこそ、最初にすべきことだと私は思います。」

みことばから神のビジョンを受け取る

リーダーたちは人生の様々なことから影響を受けていると思われますが、ビジョンに関しては、みことばより彼らに大きな影響を与えたものはありません。「教会増殖についてどのような影響を受けたかについてですが、その方法を私に教えた人はだれもいなかったと思います。それは神が示してくださったものだと感じます。」使徒の働きに対する印象についてある牧師はそう語りました。彼の教会はわずか四〇人のサイズですが、驚くべきことに、短期間に五つの教会を生み出しました。

これらのリーダーたちは単に主観的に、あるいは直感的に神に聴くのではなく、みことばに示されている神ご自身や神の目的について思い巡らします。ビジョンは心から生まれたものか、信仰から生まれたものか質問されたある牧師はこう答えました。「いいえ、それは聖書から与えられました。ビジョンは聖書的な原則に基づいていました。」これらのリーダーたちは教会について話し合う時、テキスト、教団の資料、あるいは他の牧師の言葉を用いることはありません。自分で聖書を学んだことをもとに話します。「私たちのビジョンは神のビジョンでなければならないので、みことばから得る必要があります」(Malphurs 1999, 9)。神はみことばを通して彼らに語られ、そのビジョンは単に彼らの教会や日本のためのものではなく、世界宣教のビジョンでした。

教会を再生産するビジョン

「『教会』とは本質的に……他の教会を開拓する使命を成し遂げているのです」と、ある牧師は宣言しました。何人かのリーダーたちは、もともと教会を生み出すことを計画していたのではなく、むしろ伝道して大きな教会を建てることを考えていました。ある牧師はこう言いました。「教会を生み出す教会を建てることは考えてもいませんでした。」これらのリーダーたちの多くは、聖書に記されているように、教会とは動的で派遣型の生命体であるというビジョンを、働きを進めていった後に受け取りました。

それでも、すべてのリーダーたちは神の究極的なビジョンは単に教会開拓や教会増殖ではなく、最終的な目標はより大きなもの――神の栄光、みこころ、御国――であり、教会増殖はそれを成し遂げるための方法であると認識していました。教会を生み出したある牧師は、ビジョンはリーダーの生活を超えるものであり、キリストの再臨まで、新しい世代のリーダーたちに受け継がれていく必要があるものであると述べました。

ビジョンへの従順

これらのリーダーたちは、神のビジョンを単に受け取り、理解するだけでは十分ではないと考えていました。パウロが使徒26章19節で「私は天からの幻に背かず」と述べているように、ビジョンを受け取るとは、その結果ビジョンに従うことであると彼らは考えていました。教会の再生産を通して大宣教命令を成し遂げることは神のみこころであり、彼らは神のみこころに熱心に従う心を持っています。ある牧師はわかりやすいアドバイスをしてくれました。「礼拝、祈り、断食によって神に耳を傾ければ、神様は導いてくださる。そして疑わずに神様に従えば、その従順によって何でも克服できる。」

一般社会における研究では、ビジョンはリーダー、彼の直感、創造性、そして性格から生まれると言われています。クリスチャンのリーダーにとっては、ビジョンは神から与えられ、リーダーの賜物を通して神の民に対して表現されるものです。教会を生み出しているこれらのリーダーたちは、働きに関する個人的な召し、神のみ声を聴く習慣、みことばを思い巡らすことを通して、神のビジョンを受け取りました。そして、ビジョンが成し遂げられるまで、受け取ったビジョンに従っています。このような神のビジョンに関する大きなテーマは、信仰というテーマと密接に関わっています。

危険を冒すほどの信仰を働かせる

「地域教会は神の計画に従って建てられます。もし神の計画がわからないなら、教会がどこへ行くべきかがわかりません。そして、最も重要なのは信仰です。ですからトップリーダーのすべきことは、神が示されるビジョンを受け取り、それを信じ、告白することです。」教会を生み出したある牧師はこう語りました。

これらのリーダーたちの何人かは、ビジョンと勇気を持った、危険を冒す信仰を示す模範となりました。ある牧師はこう言いました。「ビジョンと信仰はとても大切です。困難な時でさえ、神はそれをくださいます。」教会開拓には多くの信仰が求められます。教会増殖には信仰がさらに必要です。別の牧師はこう宣言しました。「まず信仰です。」それは人間には教会開拓はできないからです。ある牧師がこうまとめました。「私には何もできませんが、信仰がそれを成し遂げます。」

教会を生み出すリーダーたちは、妨げとなるもの、また自分の弱ささえ信仰を働かせることによって克服しています。彼らの信仰は、落胆、失敗の可能性、危険な方向に進むことにも立ち向かいます。神の教会のビジョンを行うには大きな信仰が必要とされます。あるリーダーは、そのような信仰は、何もしないことではなく行動へと促すものである、と言いました。

働きにリスクが伴うことを前提とする

ほとんどの人はリスクを避けようとします。しかし、日本人は恥に基づいた文化と、集団への協調性のゆえに、リスクを負うことをさらに渋ります。リスクとは不確実性であり、日本は不確実性を非常に避けようとする文化を持った国として分類されています（Hofstede 1984, 123）。日本人は「不確実で、知らない状況において脅威を感じる」人々です（Hofstede 1997, 113）。

教会開拓には不確実性とリスクが伴いますが、教会増殖には、伝統的に福音に心を閉ざしてきた文化においては、さらにそれらが伴います。教会を生み出すリーダーは、独創性を持った起業家と同じように、「伝統的なリスクを避ける文化を克服する」（Helms 2003, 24）技能を持っている必要があります。勇気に満ちた信仰と、リスクを受け入れる類まれな心は、より大きな効果を生むことでしょう。これらのリーダーたちは、神と神の約束にある信仰に基づいて、働きにはリスクが伴うことを前提にしています。「神のみこころは私たちの計画よりも優先されるべきものです。基本的には［神のみこころ］のために、どのようなリスクも受け入れます。」教会を生み出したある牧師はそう言いました。

リーダーたちに一対一の面接で、どのように信仰によってリスクを受け入れるか質問しました。ある牧師は教会を生み出すために、鍵となるリーダーたち、お金、賜物を持った人々をささげることについて話してくれました。リーダーはいつでもより大きな原則のためにリスクを負い、いつでもリスクを負うという姿勢を持つべきだと、その牧師は言いました。別の牧師は、神から語られたのでそれまでしていた仕事を辞め、その後、牧師になりました。彼の教会のあるリーダーは、その牧師について「いい意味でリスクを負う牧師です」と言いました。

これらのリーダーたちは、神に従うという冒険のために、安全や予測できることから離れます。「それは神のみこころです。私たちはリスクが伴うことを前提とします」とある牧師は言いました。私たちも彼らのように、神から与えられたビジョンのゆえに、自分の評判、立場、他の人たちからの評価、時間、お金、エネルギーを、リスクを負ってささげたいと思っているでしょうか？

再生産を妨げるものを克服する

面接でした質問の一つは、教会を生み出す上で直面した妨げは何であったか、そしてどのように克服したか、でした。期待していた答えは、未信者との関係を増やす、主の弟子として訓練する、リーダーを養成する、集会する場所を確保する、といったことでした。多くの教会開拓者は、「○○さえあれば」という物語を話します。一〇人のクリスチャンがいたら、建物があったら、これだけのお金があったら、あるいはもっと多くのリーダーがいたら、といった話です。しかし、面接したリーダーたちは、このような考え方は否定的なものであり、たいていこのような話には加わらないと言いました。彼らはそのような妨げに対して、ただ信仰を用いて克服します。妨げとなる可能性のあるものに思いをとどめるのではなく、建物、施設、財源、人材といったことについて短く話しただけでした。多くのリーダーたちは、そのような妨げは普通のことであり、直面するのは当たり前であると考えていました。妨げに直面する「かどうか」ではなく、「いつ」直面するかだ、とのことでした。

ある牧師は教会の人々に対して、「それはできません」という言葉は受け入れません、と言い続けてきました。その代わり、不可能を越えることを考えるようにチャレンジしました。多くのリーダーたちは創造的に、柔軟に解決策を探し、知恵を用い、妨げを克服した時には喜び、解決していきました。ある教会のリーダーは彼の牧師について「(先生は私に)期待してくれている」と言いました。

落胆することを拒む

日本の教会のリーダーたちにとって、働きを進めていく中で落胆するという現実はとてもよくあることです。しばしば働きの結果は私たちが期待したものとは異なります。燃え尽きることもよくあります。教会を生み出しているこれらのリーダーたちに「どのようにして落胆することなく、自信をもって、信仰によって成長しているのですか」と質問しました。多くのリーダーたちは、神とともに歩むこと、ディボーション生活、そして祈りを通して落胆しないようにしていると答えました。ある牧師は、神とともに歩むことによってどのように信仰が増し加えられ、不確実性を克服するかについてこう述べています。

「私たちの霊性は私たちとイエス様との関連によります。私たちはイエス様を信頼し、愛する関係を育むべきです。礼拝することによって力を得ます。それによって自由、ライフライン、勢いが与えられます。［神からの］力を受けるとき、その結果、私たちは安らぎます。神の御前で安らぐとき、神は私たちを用いられます。内なる自信の源はそこにあります。」

失敗する可能性に立ち向かう

教会の働きや再生産は、特に日本のような恥に根差した文化においては、失敗をもたらす可能性に満ちた地雷原のようなものです。教会を生み出しているリーダーは、失敗の可能性に直面するとき、異なった視点をもって対処しています。ある牧師はこう説明しました。

「[教会の再生産を]とにかくやってみる。成功するかもしれないし、しないかもしれない。それは大きな問題ではない。でもやらないと、失敗さえもしない。やって失敗したら、それは大きな糧となる。失敗ほどすばらしい糧はない。……失敗の積み重ねが反省を生み出す。教会開拓が必ずうまくいくという保証はどこにもない。……教会開拓には多くの失敗が伴う。」

信仰には恐れではなく、積極的な従順が含まれます。「使徒の働きにあるように、私たちは働きの機会に関して、神からの『ゴーサイン』を求めました」と、ある牧師は言いました。確信に満ちた信仰によって、別の牧師はこのように言います。「神はいつもご自分の教会がキリストのからだとなるように導いておられます。」これらのリーダーたちは信仰のゆえに、勇気をもって大いなる働きに取り組むことができ、失敗の可能性をも肯定的な結果へと変えていくことさえできるのです。

まとめ

これらの勇気あるリーダーたちは神の約束を真剣に受け止め、大宣教命令に従うためにすべての必要が満たされると、信仰によって神に拠り頼んでいます。このような信仰こそ、私たちリーダーは模範とすべきものです（ヘブル13章7節）。

働きにリスクが伴うことを前提とし、妨げを克服し、落胆することを拒み、失敗の可能性に立ち向かうことによって、教会を生み出しているこれらのリーダーたちは信仰を働かせています。ヘブル人への手紙11章には「信仰によって」という言葉が繰り返し用いられていますす。信仰を通して神の力を得ることなしに、リーダーは教会を建てることができません。それは、神のみがご自分の教会をお建てになるからです。彼らは神から受け取ったビジョンと内なる信仰による神への信頼によって形づくられ、彼らの抱くユニークな教会観を教会の再生産のために適用しているのです。

教会を動的な派遣型の共同体と見なす

この研究において最も予想していなかったことは、すべてのリーダーが「教会観」について述べたことでした。彼らは単に教会論の教科書を引用したのではありませんでした。彼らは教会を、自然発生的に成長し再生産する霊的で、有機的で、動的な派遣型の共同体であると実践的に見なしています。ある意味で彼らの豊かで深い教会の定義は、教会増殖を超えたものです。教会に関する彼らの聖書的理解は、教会とは神の人々であり、文化的なキリスト教に縛られるものでなく、変革をもたらすために人々を遣わしていく宣教的なものです。

関係に基づいた共同体

彼らにとって教会とは、人々が関係し合っている万華鏡のようなキリストのからだです（1コリント12・27〜28）。教会は組織や会合ではなく、本来的に人々のことであると見なしています。何人かのリーダーたちは、聖書的な共同体の概念こそが教会を最もよく現すものであるととらえ、用いていました。そのような共同体は自然に形づくられ、増えていきます。ある牧師は面接を受けた時こう言いました。「福音が宣べ伝えられる時、キリストにある共同体が形成されます。そのような共同体が、必要とされるあらゆるところで増えていくことが不可欠です。」教会は健全な共同体、またキリストのからだとなるために必要なすべてのことを成し遂げるべきです（Ott & Wilson 2011, 15）。教会は共同体であるという視点は、教会の再生産のような任務を完了させることに限定せず、純粋に「存在すること」を意味します。教会の再生産とは、そのような動的な共同体が成長し、生み出されていくことの自然な作用であると見なされます。

動的ないのちある生命体

教会を生み出しているリーダーたちは、教会をいのちある生命体と見なしています。それは健全であり、成長し、増え、増殖し、広がるものです。彼らは教会をいのちある動的な生命体と理解しています。ある牧師は教会を、エゼキエル書にある、神殿から流れ出て増え広がっていく川（エゼキエル47章）として描きました。そのイメージのように教会は流れ、動き、「止まることがない」のです。

教会が自然発生的に成長するというこのような動的な理解は、安定や安全を保とうとする考え方を受けつけません。このことは、計画を作ったり戦略を立てたりすることに影響をもたらします。ある牧師はこうまとめました。「私たちは何も計画しません。例えば、あそこに、ここに教会を開拓する必要があるというような計画は立てません。……私たちはただ流れに乗っていきます。あの場所で神が何かをされているとき、私たちはとにかくそこへ行くのです。」

成長している生命体は、その流動的な性質のゆえに、時に定義するのが困難です。クリスチャン・シュワルツは、生命体である教会は単にその構造によって定義されるべきではないと書いています。教会は組織によって今日成長するかもしれませんが、その組織が明日の成長を妨げるかもしれないのです（Schwarz 1996, 30–31）。

再生産する教会

健全で成長している教会とは、必ずしも大きくなることを意味しません。何人かの牧師たちは、最初は教会を大きく成長させることに興味があったと述べています。その後、彼らは変えられる体験をし、多くの教会を生み出す必要があることに気づきました。彼らは再生産することが聖書の中心的な事柄であり、地域教会が大宣教命令（マタイ28章18〜20節）を成し遂げるための神の主要な戦略であると主張します。何人かのリーダーは、教会の再生産を通してより大きな影響を与えることができるように、教会を大きく成長させたいという願いを意識的に断ち切りました。

教会を生み出しているリーダーたちは、教会は組織やプログラムのことではなく、本質的に再生産するべきものであると信じています。彼らは、教会とは人為的に作られるものではなく、動的な生命体が拡大し、生み出す自然な結果として増殖するという視点を持っています。それは教会のＤＮＡの中にもともと存在し、すべての教会が再生産することが望ましいと考えます。彼らにとっては、今こそ教会を生み出す時なのです。ある牧師はこう言いました。「私たちは教会が大きくなるのを待つことはしませんでした。」

スチュワート・マレーは、教会の本質を定義するのに再生産が不可欠であると述べています（Murray 2001, 62–63)。教会を生み出しているリーダーたちにとって、再生産は普通のことであり、自然なことです。教会の再生産という点において彼らの教会が例外的であるのはなぜかと問われたとき、リーダーたちは自分たちが例外的であるとは思わず、最低限のことをしている、あるいは普通のことをしているだけと言いました。ある牧師によると，教会の再生産とは「あなたが教会であるなら自然なことです。……それは教会がすることです。教会を生み出すことは特別なことではありません。……それはごく普通のこと、一般的なこと、標準的なことです」。教会を再生産しないことが不自然で、普通でないことなのです。

人々を派遣する使命

彼らは教会を、人々を派遣する使命と見なしています。それは教会の奥深くにある伝道の目的や動機と日本における伝道の実践的な必要性から生まれ、成長するものです。このような宣教的なスピリットによって教会は守りに入らずに動いていきます。前にも引用したある牧師は、宣教理念について「私たちは守りに入ってはいません。『攻撃』という言葉は響きがよくないですが、でも私たちは教会の中で忙しくするのではなく、外でしようとしています。……私たちが出て行くなら、働きをする場所は山ほどあります。」宣教的になるとは、積極的に出て行き、自分たちのことを見るのではなく、それを越えていくことです。教会が向かうべき方向は外です。聖書的な教会とは、その本質的な特性から「基本的に宣教的であると見なされる」(Bosch 1991, 372) のです。

ある牧師は、彼の教会に起きた変革について語りました。人々を教会堂の中で行う礼拝に招く代わりに、「出て行くというイメージを持ち始めました。この地域に影響を与えるために、『どうぞ来てください』というアプローチをやめました」。宣教的な教会は、人々を集めたり引き寄せたりするのではなく、散らし、遣わしていく教会です。

宣教的な集団としての教会は、伝道と教会の再生産のための成長センターとなります。ある牧師はこう説明しました。「私たちはキリストを知らない人々に届くために教会を広げていきます。そのために人々を遣わしていきます。」派遣していく教会の使命は、新しい教会を開拓する願いや重荷を持っている人たちを数えることによって成し遂げられます。そして、別の牧師が言うように「人々は訓練され、派遣されていきます。」彼らにとっては、教会とは伝道、弟子訓練、人々を養成すること、教会を生み出すために派遣していくことという使命を継続するものです。教会は関係に基づいた共同体であり、ある牧師が言うように「絶えず出て行き、人々を派遣し、[働き]を拡大するものです。」

まとめ

これらのリーダーたちは、教会とは動的で関係に基づいた共同体が自然に成長し、教会員たちを派遣することによって宣教に対して同じ思いを持った教会を生み出していくもの、ととらえています。そのような教会とリーダーたちは、教会の聖書的な原則について思い巡らしながら、自分たちを絶えず新たにし、造り変えています。彼らは地域教会に関する一般的な理解に異を唱えます。彼らは教会のビジョンが現実のものとなるまで満足しないのです。教会を生み出しているリーダーたちの実践的なリーダーシップは、教会に関する神学の適用から「生まれ、成長する」ものなのです。

このようなユニークな教会観は、「牧師観」についても異なった視点を持つ必要があることを意味します。彼らは牧師の働きを、一定の人々の集団において宗教的な儀式を行う仕事とは考えていません。ある牧師は、彼の主要な役割は人々をキリストに導き、弟子として訓練し、働きのために派遣することであると言いました。人々を派遣するという教会や牧師の役割に関する彼らの神学的な視点は、教会を再生産するための賜物を持っている信徒たちを動員することをもたらします。

働きのために信徒を養成する

教会を生み出した日本人のリーダーたちに、どのように教会の再生産というビジョンを人々が受け取ることができるようにしているか尋ねたところ、六人の主要な指導者たち全員が、信徒を養成し動員することの大切さについて述べました。彼らは教会の再生産のビジョンを共有するように分かち合い、実践的な働きのために整え、責任を委ねることを通して信徒を養成しています。

信徒を動員する

日本において教会開拓によって大宣教命令を成し遂げるためには、専門家である牧師や宣教師だけがするのでは、現実的に十分ではありません。信徒が働きを進めていくために実践的に養成され、動員されなければなりません（Pease 1989, 113）。

ヘッセルグレーブは、聖書の理解が十分でないために、日本の教会は信徒を動員していないと考えています（福田 2002, 174）。教会を生み出している牧師たちは、信徒の本来の意味――働きをするために召し出された「神の民」（第一ペテロ2章9～10節）――を回復することによって、みことばに基づいてリーダーシップを行使しています（Gibbs 2005, 132–133）。大橋は、教職者と信徒の「かい離」のゆえに、教会のリーダーを養成する上での体系的な問題と、ある人たちをエリート、他の人たちを普通の人と見なす伝統的な教会の構造が残存していると述べています（大橋 2007, 142–143）。ある牧師は「私たちはみな神の権威のもとにある主の民であるので互いに平等であるというのが、本質的な原則です。牧師も信徒も平等に主の民なのです。……牧師だけが教会のリーダーなのではありません。リーダーシップは信徒にもゆだねられているのです」と述べ、教職者と信徒のかい離は存在する必要がないと考えます。彼らは信徒を動員し、それによって教会の関係、権威、構造にも影響が及んでいます。

ビジョンを共有するために分かち合う

教会を生み出しているリーダーたちは、教会の再生産のビジョンを共有することの大切さを何度も述べました。働き人たちはリーダーの目標に基づいて働きを行うのではなく、「神から与えられるビジョンと目的を一緒に共有すべきだ」と、ある牧師は言います。ある意味でリーダーの役割は、ビジョンを受け取ることと、ビジョンを投げかけることの両方です。ある牧師はこう語りました。「リーダーの重要な役割は、教会の方向性を神から学び、それを人々にはっきりと示すことです。」ある牧師は、信徒とビジョンを共有していくためにビジョン・ナイトという集会をしたり、神の計画と目的をどのように成し遂げるかについてしばしば小グループで話し合ったりしていると述べました。

ビジョンを分かち合う目的は、神のビジョンを共有することです。教会を生み出しているある牧師は、長期的な教会開拓の夢を分かち合うことによって、教会の人々やリーダーたちがどのようにそれを共有するようになったかを語りました。数人の牧師たちは、教会のリーダーシップチームのメンバーたちが牧師の教会開拓に対する情熱を共有し、積極的に関わることの重要性について語りました。ビジョンを分かち合い受け止めることは、様々な世代へと浸透されていく必要があります。ある牧師は、宣教師がまずビジョンを受け取り、そのビジョンが後任の牧師に受け継がれ、今はその牧師が教会の若い人たちにビジョンを伝えていると語りました。「牧師の影響力とは、ビジョンを投げかけ、それを広めていくことです。」

人々を働きのために整える

リーダーは信徒たちが彼らに備えておられる働きを発見することを助け、整え、遣わすことによって、信徒を動員します。人々は神によって用いられたいと願っているので、教会開拓につながるかどうかに関わらず、すべてのクリスチャンは動員されるべきです。ある牧師は人々を整えるというプロセス全体についてこう述べました。「教会開拓の重荷を神から受け取った人たちについて調べます。その願いが本当に主から与えられているかを調べます。それから、その人たちの周りの人たちにも「自分が教会開拓に向いているか」考えてもらいます。……そして確認したら、彼らを遣わします。」

彼らは信徒を十分に準備できているリーダーとして受け入れ、教会を開拓し、建て上げていくために遣わしています。リーダーを選考するための彼らの必要条件はとても単純です。神から召しを受け、霊的な品性を備え、聖霊によって賜物が与えられている人かどうか、です。そのような人たちは、開拓の働きをすることを教会によって認められます。人々は神のビジョンを求め、自分の賜物や働きの機会について理解し、思い切って働きを始めるように促されています。そのような信徒リーダーたちは、大牧者であるキリストの主権のもとに、リーダーシップチームの一員として平等に扱われ、尊敬されています。

働き人が神からの召しを受けるところから準備が始まります。神の計画を協力して成し遂げるために神が人々を整えておられるので、働き人たちは伝道の召しを受け取ります。それはしばしば、神のために何かをしたいという個人的な願いに基づいています。それぞれのリーダーが働きのための賜物を与えられているので、地域社会に対して最大の影響力をもたらすことができるように、リーダーたちは与えられている賜物を用い合う必要があります。教会開拓であれ、他の働きであれ、自分に与えられている賜物にふさわしい領域で用いられる時、人々はより充実感をもって働きを進めていきます。

予想していなかったのですが、これらの牧師たちは教会開拓に向けてリーダーたちを整えるために、彼らに実践的な訓練をすることに多くの時間を用いていることがわかりました。

教えや訓練のモデルは、①経験、②リーダーが学んでいること、③実践的な働きに基づいています。多くは実地訓練です。ある教会では、働き人たちにセルグループをリードしてもらいながら、教会の再生産の重荷を培うように助けています。ある牧師は、いつでも他の人たちと共に働きをすることを強調し、多くの働き人たちがその模範から学んでいます。ある牧師は、教会員を連れて伝道しますが、自分ではなく教会員に証しをしてもらいます。人々を整えていくために、いくつかの教会では独自の「聖書学校」を持っていたり、地域の神学校と密接な関わりを持って、現場での働きを続けながら訓練したりしています。彼らは日本の土壌においてリーダーが身につけるべき聖書的な要求を、非常にはっきりとしたステップとして共有しています。訓練を受ける人たちが教えたり、働きの現場で責任を持ち、それを牧師が観察して助けたりする機会を実践的に与えています。ある教会ではこのような訓練を一、二年間行い、それから教会がそのリーダーたちを認定しています。

彼らは教会の再生産について、同じ重荷を持つリーダーたちを養成するという願いをもとに訓練しています。牧師は人々を回心へと導き、キリストの弟子として育て、リーダーを養成します。新しい教会を開拓するために人々を動員する、教会を生み出すリーダーの究極的な役割は、働き人たちを派遣していくことです。

他の人たちに働きを委ねる

これらの主要なリーダーたちは神から働きのビジョンを受け取り、また教会員たちにも自分の働きのために神のビジョンを受け取るようにと、いつも促しています。その一つの例はある二次的なリーダーです。彼女は牧師の励ましを受けて自分自身のための神の計画を受け取り、神のみ声を聴き、彼女の周りにいる人たちの必要に敏感に応じることによって働きを発展させています。

教会員たちに自由を与え、働きを委ね、相互依存しながら進めていくために、主要なリーダーはリスクを負うほどの信仰を働かせる必要があります。それは、この研究において予想していなかった新しい発見でした。リーダーと教会員との間で、最初から心を開いた関係を楽しみ、信頼し合うことは、真に働きを委ねていくために不可欠です。ある牧師はこう説明しています。「教会員たちは自由に働きをしますが、彼らは［責任者と］よく話し合います。信頼関係に基づいて働きを委ねています。」

ふさわしい仕方で働きを委ねるには、リーダーはそれをする前に、何を期待しているか、どのような理念で働きをすべきか、人々に分かち合う必要があります。数人の二次的リーダーたちは、今、働きの責任を担っているのは、牧師によるそのような「お膳立て」がとても助けとなったからだ、と述べています。そのようなリーダーたちは、他の人々に巧みに責任を委ね、働きを進めるために自由に行動するように勧めます。ある信徒リーダーはこう言いました。「牧師から、やってごらんなさいと言われました。そして私に責任と自由を与えてくれました。牧師は私たちに任せてくれるのです。」リーダーは他の人たちの働きを制限すべきでなく、失敗した時は最終的な責任を負うべきです。また、働きを委ねた人々を支えます。教会を生み出したあるリーダーはこう述べています。「教会員たちは助けを得ずに自分だけで働きをすることはできないので、必要な助けを提供します。」多くの場合、それはコーチングや助言であり、また彼らのところに行って助けることです。このように真に働きを委ねることを通して、ある二次的なリーダーはこう言いました。「私たちはこのようなリーダーをもっと必要としています。」

働きを委ねるというプロセス全体の目的は、人々を動員するためのチームワークを発展させることです。ある信徒リーダーは、自らのケーススタディーをもとにこう言いました。

「私と牧師との関係は大きく変わりました。……神が私に召された働きを始めたのは、約五年前でした。……そして私たちは一緒に働きをしました。それ以前は、私は牧師から言われたことをしようとしていました。その頃、私は牧師の助け手であり、ひもがついていました。私は牧師がひもを引くと動いていました。それからある時、私はそのひもを切りました。私は神が私にしなさいと言われることをしたいのです。」

まとめ

教会の再生産のビジョンを分かち合い、共有していくことを通して、信徒は働きのために動員されていきます。そして、召し、賜物、実践的な経験に基づいて選ばれ、実践的な実地訓練を通して整えられ、最終的に働きを委ねられていきます。ある牧師はこう言います。「この偉大な働きのために主の弟子が生まれ、養成され、派遣されていきます。彼らは職場を含む様々なところに遣わされます。」彼は人々を養成し、働きを委ね続けることが、教会が成長し再生産するために戦略的であると主張します。

「ある人が［教会のリーダーとして］教会増殖を望むなら、その人は実際にそれをし、また人々を育てる必要があります。教会開拓の責任を担う人々を養成する必要があるのです。私はこれがすべての鍵だと思います。もしその人が教会開拓について考えないなら、その人は自分が育てた人を自分の部下にするでしょう。それでは教会開拓は起こりません。人々を教会開拓のために養成し、派遣することが大切です。人々を育て続けないなら、教会増殖は起こりません。」（傍点筆者）

人々を育て、教会を再生産するためには、リーダーの役割は普通の伝統的な仕方から大きく変えていく必要があります。

励ますことを通して人々との関係を用いて指導する

教会開拓や教会の再生産は人々がチームとならなければ成し遂げられませんが、チームの一人一人が多くの励ましを必要とします。そこで教会を生み出すリーダーは励ますことに集中します。人々との関係においてリーダーが権威を行使することで、人々は働きのために遣わされていきます。それによって、新しく生まれる教会も、より関係に基づいた構造となっていきます。結局のところ、リーダーたちが優先するのは人々であり、彼らは自分たちが導く人々に対して非常に忍耐をもって関わります。私たちはリーダーシップの行使について、教会を生み出しているリーダーたちから多くのことを学ぶことができます。

励まし手としての役割を担う

彼らは自分の主要な役割として関係を大切にすることを挙げますが、数人のリーダーたちは自分の主要な役割は人々を牧会することではない、と明確に言います。牧会はあらゆる励ましの働きに含まれます。しかし、励ましの働きはリーダーの役割の目標によります。人々は単に牧会されるだけなのか、究極的には他の人を牧会するために動員されているのか、が問われます。

教会を生み出しているリーダーたちは、関係を建て上げ、励ますという役割を選んでいます。あなたの主要な役割は何ですかという質問に対して、すべての主要なリーダーは、自分の役割は組織を立てることではなく、人々と関わることであると答えました。彼らはトレーニング、弟子訓練、教えを挙げました。彼らの言う教えとは、講義は少なく、生活をともにしながらの訓練です。その他の役割としては、励ますこと、支えること、コーチング、メンタリング、整えること、動機づけることを挙げました。

他のリーダーたちをどのように支え、励ますかについてのすばらしい例として、ある牧師は教会開拓者たちのためのリトリートを定期的に行っています。彼はまた、開拓者たちを定期的に訪問していますが、筆者にも一緒に来ませんかと誘ってくれました。彼は人々、特に教会開拓者たちを支え、励ますという役割が重要であると認識し、ワクワクして取り組んでいます。彼はこう言いました。「開拓者たちは私たちの講義を必要としていません。彼らが必要としているのは霊的な動機づけと励ましなのです。」

関係に基づいた権威を行使する

教会を生み出しているリーダーたちは、人材を最大限に用いるために、おもに関係に基づいた権威を行使しています。働きを進めるための権威には、立場に基づいた権威、専門家としての権威、関係に基づいた権威、霊的権威の四種類あります。これらのリーダーたちは、牧師という立場に基づいた権威をおもな権威として導いているのではありません。彼らは様々な働きの技能を身につけていますが、専門家としての権威にも頼っていません。彼らは関係に基づいた権威を確かに行使しています。そしてその権威は、人々を大切に扱いながら、関係を通して励ましていく働きと関連しています。

多くの人々は「完全に牧師中心」(Dyer 2013,97) で、ワンマンなリーダーシップスタイルが、今もなお日本においてよく見られると指摘しています (Mulins 2005, 238)。そのようなリーダーシップのあり方においては、責任の移譲がなされない傾向があり、教会の成長や再生産を妨げます (第2章参照)。他の人々に能力を付与する、関係に基づいた権威や霊的権威を行使するリーダーシップは、日本において教会を成長へと導くのに最も効果的なものと認められています (Mulins 2005, 238)。

教会のリーダーシップには関係指向と、任務指向との両面があります。これらのリーダーたちは、働きにおいて成功しているにもかかわらず、驚くほどに任務指向ではありません。

彼らはプログラムや働きではなく、人々を中心としています。あるリーダーはこう説明しています。「大切なのは人々です。人々こそ中心的なものであり、プログラムではありません。」関係に基づいた権威をもたらしているのが、これらのリーダーたちの個人的な行いや品性です。日本において良い教会のリーダーになるには何が必要かと尋ねられたある牧師は、リーダーシップについてこう述べました。「それは愛によって得られるものです。……人々を尊敬し、信頼することを通して、私たちも尊敬と信頼を得るのです。」リーダーが人々と築く関係は、働きにおける励ましの土台です。別の牧師は、関係に基づいた権威を築くことに困難を覚える牧会者たちは、人々と関わる経験が不足しているために劣等感を抱いてしまう、と述べています。

人々を働きのために解き放つ

主要なリーダーたちも、二次的なリーダーたちも、信徒が自由に働きをすることを許すリーダーシップスタイルを好んでいます。働きを委ねられたリーダーたちは、神から与えられたビジョンを成し遂げるために、制限されることなく解き放たれています（エペソ４章11～13節）。

この研究で明らかになったように、権威や支配に関する日本人のリーダーシップについて、二つの関連した問題が信徒の働きを制限してしまいかねません。第一に、リーダーが神と信徒の間に入って過度の権威を行使することです。リーダーに対する直接的な従順を求めるこのようなリーダーシップは抑圧的に見え、働きを制限します。教会を生み出しているある牧師は、権威的なリーダーシップとは「人々に『私についてきなさい』、あるいは『私に従うことを通してイエス様に従いなさい』というリーダー」のことであると定義しました。別の牧師は、「私に従え」という強いリーダーシップは古い権威主義的な仕方であり、かつては喜ばれたが、もはや効果的ではないと言いました。第二に、必要以上な管理や指導による権威の問題です。それは自由を制限し、働きを抑えつけてしまいます。そのような必要以上の権威を取り除くことによって、人々は働きのためにより解き放たれ、その働きを進めていこうと取り組んでいきます。

ある教会のリーダーは、報告することを義務づけ、物事がうまくいかなかったときに厳しかった以前のリーダーと、今の牧師とは異なると述べました。彼は以前のリーダーは支配的なリーダーだったと感じていました。もう一人の二次的なリーダーも、そのことを語りました。「[牧師は]決して私を支配せず、私が様々な選択肢に基づいて意思決定することを任せてくれます。」

教会を生み出したある牧師は、こう言いました。「新しい働きをしている人を決してコントロールしてはいけません。彼に『完全な自立』を与え、励ますことが大切です。……コントロールしてはいけません。……［彼らを］励まし、祝福するのです。」別の牧師は、かつて自分の権威を用いて管理しすぎ支配していたために、問題が起こり、信徒の自由を奪ってしまったと考えています。リーダーは他の働き人たちに、彼らに何ができ、何ができないかと言うことは、実際にはできません。彼らに助言し、一緒に話し合うことはできます。親が子どもを育てるのと同じように、リーダーも他の人たちの人生を代わりに生きてあげることはできないのです。

リーダーが人々を働きのために解き放つことは、励ます関係において大切であるだけでなく、働き全体が前進していくかどうかにも関係します。人々をコントロールする代わりに、人々を解き放つことは、教会の再生産のための生産力を実際に高めます。しかし人々を解き放つことは、神にあってリスクを負う信仰を働かせることでもあります。ある牧師は、単に個人だけでなくムーブメント全体が制限されることが起こり得ると言います。「コントロールするなら、それは死んでしまいます。教会開拓の炎は消え、増殖も止まってしまいます。」

関係に基づいて働きの構造を整える

教会を生み出しているリーダーたちは、あまりフォーマルでなく、組織立てるのでもなく、関係に基づいた構造を用いることによって、教会において関係を築くことを促しています。それは、教会とは単なる組織ではなく、生命体であり、神の民であるという教会理念に基づいています。日本社会は縦の関係や組織を保ち続けていますが（図10参照）、関係に基づくリーダーシップを行使しているリーダーたちは、縦型のピラミッドを低くしています。そのため、平らに、幅広くなります（図11参照）。

ある牧師は、すべての牧師は同じレベルであると信じているので、副牧師や協力牧師という表現を使わず、自分についても主任牧師と呼んでいません。また、彼の教会では信徒たちも「スタッフ」となっています。ある牧師はセルグループの一員となり、セルリーダーに対して自分の課題を分かち合います。このようにピラミッド型のリーダーシップを平らにしている例は、立場に基づいた権威をあまり用いず、関係に基づいた権威をより行使していることを示します。彼らはあまりトップダウンではなく、平面的に人々と関わり、調整したり、コーチングしたりするリーダーシップの役割を好んでいます。

教会の権威の構造について、いくつかのたとえを用いて示すことができます。一人で教会の再生産をすることはできないので、教会とはリーダーが主将を務めるチームであると見なすことができます。別のたとえでは、教会における関係は家族であるということができます。父親は家長であるとともに、個人的に関わり、ケアすることを通して権威を行使しま

図10　組織に基づく
リーダーシップの構造

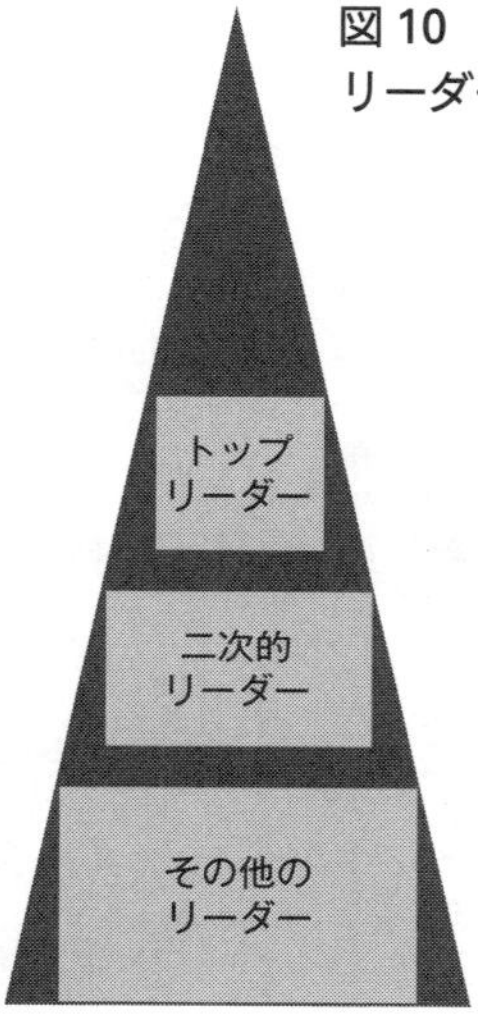

縦の関係が強く、底辺が狭い。
様々なタイプのリーダーたちの
違いは大きくなる。

固い壁があり、リーダーシップ
の発展に開かれていない。

図11　関係に基づく
リーダーシップの構造

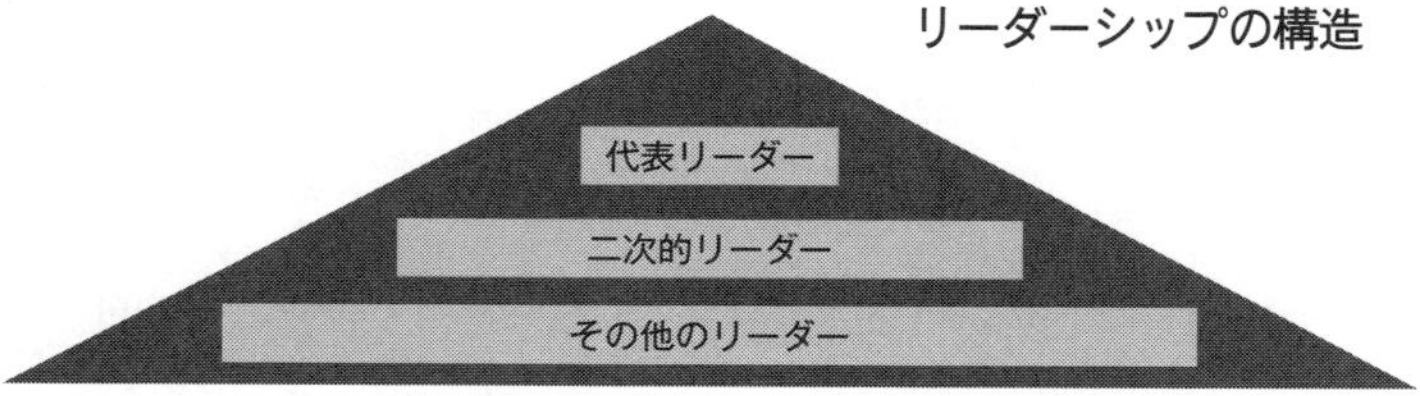

縦の関係は弱く、底辺が広い。
様々なタイプのリーダーたちの違いは最小限となる。

壁は薄い。リーダーシップの発展に、より開かれている。

す。ある牧師は教会の構造について、自分自身は家族的な教会のリーダーであると言いました。ある教会のリーダーは、教会における牧師の霊的な役割は「霊的な父親」であると述べました。これら両方のたとえにおいて、関係に基づいた構造はあまりピラミッド型ではなく、上司がトップダウンで指示するようなものでもなく、霊的な父親として関わるものです。リーダーは「同輩の中の代表」のような存在です。善意あるリーダーシップと、より個人的で関係に基づいた教会の構造によって、関係を通して他のリーダーたちを励ますことができます。

関係に基づいて忍耐を働かせる

個人的な関係には困難がつきまとい、日本社会における人間関係は集団力学のゆえにさらに複雑です。忍耐は関係において重要であり、リーダーが関係を深めていく上で用いることのできる一つの霊的な手段です。人々は忍耐してもらうことによって、働きを進めていくために驚くほどの励ましを得ることができます。教会を生み出しているリーダーたちは、人々に対して忍耐深く関わり、人間関係の問題にも公平に扱う、優れた模範を示しています。

教会を生み出すリーダーになるために何が必要かを尋ねられたある牧師は、それは口先だけではない、真の忍耐であると述べました。リーダーを選ぶ上で忍耐は重要であり、忍耐と励ましによって人々はより自分にふさわしい働きへと進んでいくことができます。自分は性格的に忍耐深くないと打ち明けた牧師が一人いましたが、その教会の数人の二次的なリーダーたちは、彼らの牧師は忍耐深いと見なしていました。その牧師の性格について、ある教会のリーダーはこう述べました。「彼は本当に忍耐深い人です。……例えば、人々を裁かず、神はだれでも用いることができると信じて、忍耐をもって関わります。」別のリーダーはこう言いました。「人々は一つの欠点があるというだけで見限られることはありません。ある人たちはすばらしい賜物をいくつも与えられていますが、ある欠点については克服するのが困難です。でも、その人たちにとって働きがしやすい場所を見つけ、彼らにその働きをしてもらいます。あなたにはこういう欠点があるから奉仕することはできない、とは言わないです。」彼は牧師について再び声を上げてこう言いました。「牧師は本当に忍耐深い人です！」これらの二次的なリーダーたちが関係に基づいた忍耐について分かち合うのを聞き、著者は特に個人的なチャレンジを受けました。

まとめ

教会を生み出したあるリーダーは、ビジョンを成し遂げるのを助けるために、自分の役割は人々を支え、励まし、忍耐をもって関わることであると言いました。教会員たちを働きのために動員するには、彼らに委ね、自由を与え、支え、チームで働きをし続けるために励ますことが必要です。リーダーたちは、自分の役割、権威の行使、教会の構造を整えるために影響力を発揮することに取り組む必要があります。これらはすべて関係に基づいた励ましの必要性を示します。ある牧師は、自分の役割について「スーパーバイザーやリーダーたちを励ますことです。つまり、神から与えられたビジョンや目的を彼らと共有することです」と述べました。教会の再生産を導くリーダーシップはとても意識的に任務を遂行していくものですが、リーダーには個人的に励ます人であることも求められます。

実践的な働きを通して積極的に行動する

教会を生み出しているリーダーたちは、信念をもってチームを導いています。彼らは実社会において大宣教命令に従い、成し遂げられることに心を留めています。リーダーとしての彼らの役割は、教会が生き生きと成長する生命体として拡大し、再生産するように導くことです。彼らは働きを進めることにおいて、私たちに示唆と助けをもたらす三つの側面を現しています。彼らはみな、積極的に働きを実行し、目標を実践的かつ現実的に達成し、教会を新しい方向へと導いていています。

積極的に実行する

神から与えられたビジョンを成し遂げるために、彼らは積極的に働きを実行しています。彼らは成功を、みことばに従順であるかどうかによって測ります。教会が防御ではなく攻撃に出ることによって、信徒が働きのために動員され、教会にとって不可欠ないのちを生活の中で現すように導くことに集中しています。彼らはビジョンについて単に考えたり、話したりするのではなく、実行することに重荷を抱いています。新しい教会を開拓するための実践的な助言を求められた時、ある牧師はこう答えました。「とにかくやってみる。どうぞやってみてください。」彼らは具体的に実践することについて受け身的でも、優柔不断でもなく、真剣に成し遂げようとしています。彼らは実践派です。ある二次的なリーダーは彼の牧師について、単純に「実行する人」と述べています。

リスクを負うほどの信仰を働かせているこれらの勇気あるリーダーたちは、妨げるものがあっても、そのままにしておきません。あるリーダーは彼の牧師についてこう言いました。「彼はあきらめず、粘り強く、やり続けます。」彼らは教会の再生産の妨げを克服するためには、恐れずに新しい方法を試します。勇気あるリーダーシップは変化をも意味します。教会を生み出しているある牧師は、教会を伝統的なやり方から全く変えました。別の教会では、ある重要な、しかしお金のかかる働きをやめることにしました。地域に仕えるという目的を成し遂げることにはふさわしくなかったからです。このようなリーダーシップには失敗する可能性、あるいは失敗が予測されることもあります。彼らは人々に対して非常な忍耐をもって関わるのと同じように、目標を成し遂げるために粘り強く取り組みます。日本人のリーダーシップに関する三隅の研究を通して、目標達成型のリーダーシップは、リーダーが人々を大切に扱う時に特に肯定的であることがわかっています（Misumi 1985）。

実践的かつ現実的に達成する

神のビジョンに従って教会を生み出しているリーダーたちは、現実的かつ実践的にふるまい、働きの目標を達成するために、柔軟性と創造性を用います。彼らは理論だけでなく、実社会での結果に関心を抱いています。これらのリーダーたちは、そのような特徴は性格というよりも、働きに対する態度であると言います。彼らの実践者としての態度は、単に知ることよりも、行うことを強調します。なぜ他の教会は再生産することができないかと質問された時、ある牧師は、それはリーダーたちがどのように実践していけばよいか教わっていないからだと答えました。彼らは信じられないほど現実主義者です。ある牧師が教会開拓に興味を持っている人から助言を求められた時、その牧師はこう言いました。「まずやってみれば、わかるはず。こうすればああなる、とは考えない。やってみなければわからない。私は現実主義だから。」実践することによって妨げを克服し、実を結ばない努力を取り除きます。この特徴が、実地訓練によって信徒を動員する土台となっています。

彼らにとって実践的であるとは、柔軟に取り組むことを示唆します。ある教会のリーダーがこう言いました。「私は牧師のほうが役員たちよりも、もっと柔軟だと思います。……牧師はかなり柔軟です。」動的で、関係に基づいたシンプルな構造を持った教会は、途中で軌道修正するのがしやすくなります。柔軟であることによって、妨げを乗り越えるためにふさわしい変化を起こすことができます。ある牧師は、最初に計画を立てる時に、妨げとなるものを克服する戦略を含めるようにすれば、それに直面した時に克服することができると提案しています。ある教会のリーダーはこう言いました。「牧師は柔軟だと思います。古い「やり方」にこだわらずに、何が今の必要であるかを注意深く考えているからです。」数人の二次的なリーダーたちは、彼らの牧師たちは変化を恐れず、新しい世代にふさわしい関わり方をしようとしていると述べています。日本における教会開拓者に関する研究を通して、柔軟性が不可欠であること、働きの計画に対してより柔軟である人はより効果的であることが証明されています（JEA 1988; KDK 1998）。

実践的であるとは、創造的であることも意味します。創造性のゆえに過激になることもあり得ますが、創造性はたいてい、日本人のリーダーシップにおいて望ましいと思われていいない特徴です（Chan et al 1996, 9–10）。効果的に働きをしているリーダーたちのうち、創造的な性格を持っていると答えた人はいませんでしたが、彼らはそのように振る舞っていると言いました。彼らは様々な状況で働きを創造的に適用する方法を見つけています。新しい考えや魅力的な方法を導入しています。数人の牧師たちは、教会間の距離から生じる困難を克服するために、ＤＶＤやビデオストリーミングといった斬新なテクノロジーを、目的を持って用いています。新しい教会を開拓するという目的のために、彼らは何でも用いようとしています。

新しい方向へ導く

教会を生み出しているリーダーたちは、新しい分野へ導くことによって、柔軟性と創造性を用いて働きを成し遂げています。彼らは最終的な目標の達成のために、勇気を持って率先して導きます。彼らは起業家的です。教会開拓者たちのように、新しいことを始めるのが好きです。四人の牧師たちは現在仕えている教会を開拓しました。一人の牧師は教会を伝統的なモデルから変革しました。

彼らはすでにあるものを守ろうとするよりも、大胆に新しい方向に導きます。再生産する教会は現状維持では満足できません。このようなリーダーたちは、安定していることが教会や働きの本来の姿であるとは思っていません。教会を生み出したある牧師はこう述べました。「教会はいつも安定を求めますが、不安定にならずに教会を生み出すことはできません。」さらに、リーダーたちは必要なことをしなければなりません。積極的に行動するリーダーの進む方向は、安全や安定ではありません。それらはリスクを取り除くからです。

そのようなリーダーになるとは、すでにあるものを管理するのではなく、現状を守るのではなく、いつも同じことを繰り返すための詳細について計画を立てるのでもなく、リーダーシップを取ることです。新しい方向へと導くことによって、彼らは管理や経営をあまり強調しません。管理するのではなく、人々を導くことを第一にしているリーダーは成長する教会のしるしです（Wagner 1984, 44–63）。このようなリーダーたちは、多くの働きを運営することよりも、賜物と能力を用いて他の人々を導くことのほうに向いています。彼らは信仰によって力を与えられた働きのために人々を調整しますが、それぞれの積極性や創造性を大切にします。

教会を生み出しているリーダーたちは、いつも同じことを行うための詳細を計画したり、組織立てたりするよりも、大きな視点で人々をまとめています。それはやや予測していなかったことでした。教会が動的なものであり、生きているがゆえに、彼らはだれも教会をコントロールしたり、管理したりすることはできないと信じています。ですから、細かなところまで考え抜いた計画は、あるリーダーが言うように「流れとともに進む」ことを妨げます。彼らの計画や戦略は実践的であり、ビジョンに基づき、妨げを乗り越え、単純なリーダーシップ構造と意志決定に従います。技能や賜物を計画することに関しては、リーダーによって異なります。あるリーダーは他の人たちの考えを用いて計画を立て、問題を避けることに長けています。別のリーダーは細かいことが苦手で、他の牧師から「彼は戦略家ではない」と言われています。本人は「私は技能やテクニックを備えていません。組織立てて考えることをしません」と言います。それに対して、彼とともに働いている数人の二次的なリーダーたちは確かに管理の技能を持ち、主要なリーダーのために、管理の分野における機能を果たしています。

まとめ

教会を生み出しているこれらのリーダーたちは行動する人たちです。彼らは現実を知り、立ち向かい、そして克服します。妨げとなるものを恐れたり逃げたりせず、それらは存在すると予期しています。彼らは積極的に実行するので、柔軟性と創造性を用いて実社会で目標を達成します。彼らは話すのではなく、実行します。現実的に地に足をつけているので、成し遂げるための道を見出しています。彼らはすでにあるものを守るために、くりかえし行うことについて詳しく計画するよりも、実際に新しいことを始め、新しい方向に導きます。そのように確信をもって集中して取り組むことによって、彼らは教会の再生産を通して教会に与えられているビジョンを成し遂げています。

結論

教会を生み出している教会のリーダーたちの六つのはっきりとした特徴を見てきました。これらの六つの特徴は、すべてが一致して働く、双方向に作用する組み合わせです。ある意味で、これらの特徴は他のリーダーシップの要素よりも、彼らのビジョン、信仰、教会観に関するものであるように思えます。彼らのビジョン、信仰、神学は卓越していて、彼らのリーダーシップの態度に影響を及ぼしています。彼らの抱く教会のあり方に向かってビジョンを成し遂げるために、彼らは人々を実践的に訓練し、派遣することが不可欠であるという思いに迫られています。このような実践的な適用によって、彼らの個人的な働きの役割、スタイル、態度が形づくられているようです。人々を派遣するという最後のステップは、リーダーシップの基本的な部分における変革なしには、おそらく起こらないでしょう。見方を変えると、彼らの教会を生み出すための実践的なリーダーシップは、教会に関する彼らの応用神学から生み出されています。リーダーシップの役割や態度における変革が、それにふさわしい教会観の変革を伴わないなら、教会の再生産において同じような結果をもたらすことは決してないでしょう。

これらのリーダーシップの特徴は個別にではなく、組み合わせとしてとらえる必要があります。ある人は、教会の再生産のためには信徒を養成することこそが主要な特徴であると主張するかもしれません。しかし、その働きは、ビジョン、信仰、教会観といった不可欠な土台なしには成し遂げられません。人々を育てる必要があると決心したなら、励ましに基づいた関係や実践的に実行していく必要があるのです。

日本の教会のリーダーたち、彼らの働きに対して、いくつかの意味合いや適用が考えられます。教会の再生産を生み出しているこのユニークな働きの教会のリーダーシップのあり方から、何を学ぶことができるでしょうか?

第一に、これらのリーダーたちや諸教会は教会に希望をもたらすことができます。日本における教会の再生産はただ理論的に可能なものであるとか、未来の潮流となる可能性を秘めているといったことではなく、今起きている現実です。ですから、日本に希望をもたらすのです! これらの「最善の実践例」はすでに起きていて、今も継続しています。また、教会の再生産を導いているリーダーたちは現地の人たちなので、教会の再生産のリーダーシップは日本の文脈においてすでに実現し、日本の土壌に植えられているのです。

第二に、特に教会観やリーダー観に関する神学的な土台についての懸念があります。教会の再生産を導いているリーダーたちは、教会観が変革したことにより彼らのビジョンや信仰に影響が及んだと報告しています。また、視点が変えられたことは、彼らがなぜ、どのようにリーダーたちを養成するかにも影響を及ぼしました。彼らの教会観は、教会の権威と働きの実践において鍵となる人間関係に適用されています。働きにおける信徒の位置づけと、リーダーたちにふさわしい役割とスタイルを提供することについて、基礎的な神学的理解が示すものは、非常に時にかなった、重要なものです。誤った仕方で適用されるなら、これら二つの領域は教会の成長を著しく妨げてしまう可能性があります。「リーダーシップはその人の人生哲学、教会に関する神学、現代文化の理解と深く関わる」(Callahan 1997, 38) ので、神学はその意味合いを生み出します。リーダーシップは日本の文脈において、このような仕方で神学を適用することから始まるのです。

第三に、他のリーダーたちを養成し、教会の再生産を確かに前進させていくために、これらのリーダーシップの特徴に留意する必要があります。教会の再生産を導くリーダーたちを選び、募り、メンタリングを通して育てていく上で、これらのリーダーシップの特徴が役立つことを期待しています。

第四に、すべてのクリスチャンは教会の再生産に焦点を合わせる必要があります。日本の教会は教会を再生産する教会となるために、とにかく変えられる必要があります。これらのリーダーたちは、教会が伝道と教会の再生産を優先するために、新たに献身するようにチャレンジしました。本質的な神学的原則が実践的な戦略を導くのと同じように、教会の再生産を導くリーダーたちにとって口先だけの言葉では十分でありません——大宣教命令は私たちすべての積極的な従順を要求しているのです。

ここまで教会の再生産のための戦略、モデル、リーダーシップについて見てきました。最後の章では、日本の土壌において教会を増殖する教会を生み出すための機会、大きな課題、将来の夢について考察していきます。

第7章　新しい教会の増殖への将来の課題

どうか、私たちのうちに働く御力によって、私たちが願うところ、思うところのすべてをはるかに超えて行うことのできる方に、教会において、またキリスト・イエスにあって、栄光が、世々限りなく、とこしえまでもありますように。アーメン。（エペソ3章20～21節）

本書は、日本の土壌で新しい教会を増殖することに関するものです。日本の土壌について考え、日本の既存の教会について考え、日本における教会成長とムーブメントの様子を観察してきました。いくつかの重要な質問についても考えました。なぜ日本に教会のムーブメントが必要なのか？　なぜ今、日本についてさらなる献身をもって考慮することが必要なのか？

この本は、日本における教会開拓の方法に関する、または教会ムーブメントの始め方を紹介するハウツー本ではありません。そのような目的のために、すぐに入手することのできる資料が、すでに数多くあります。[11] この本の目的は、日本における教会開拓の増殖の可能性と機会について最新の情報を提供することです。日本における教会増殖に関するすべての回答を提供できれば良いのですが、それは現実的ではありません。日本の土壌において教会を増殖するための様々な原則の適用の仕方を見直し、熟考する際に、私たちみなに挑戦を与える十分な資料がここに提示されていることは確かです。この本を通して、多くの人たちが交流し、意見を分かち合うことを望みます。今の時代に日本で何が可能なのかを求める、さらなる創造性とより大きなビジョンを祈り求める思いが、引き起こされればと願っています。

私たちの望むことは、さらに多くの教会が開拓されることですが、単により多くの教会が開拓されるだけではなく、より多くの教会を増殖する教会のムーブメントが立ち上げられることです。これが成就するためには、日本で働く多くの人たちが「ムーブメントの先駆者」となる必要があります（Addison, 2015)。

あらゆるところに教会が存在し、日本人に福音を届ける任務が達成されるために、何が必要でしょうか？　この将来の展望は、与えられた機会に対応し、重要な問題点や質問を考え、そして夢を共に見ることです。

機会に対応する

特に最近の歴史において、日本に福音を届けることができる大きな機会が存在しています。現在の日本において、社会的な混乱や大きな震災などを体験しているため、人々の心は福音に対してますます開かれています。しかし、このような機会は、疑いや失望によって失われてしまうのでしょうか？

日本におけるキリスト教の宣教は迷信のようなものだと考えてしまう人もいます。そのような考えは自己正当性を証明しているだけです。私たちの個人的な神学を、日本の現実と合致させることなどできるでしょうか？　あるベテランの宣教師は、四十五年間という長いキャリアを体験した後で、日本は福音に対して無反応だと断言していました。実際、日本における福音に対する反応は遅いものの、完全に無反応ではありません。ある日本人たちは福音に応答してきましたし、日本には福音を語る機会が十分に存在しています。日本は福音に対して閉ざされてはいません。人々の新宗教や新新宗教への関心に証拠づけられるように、日本は宗教の変化に対して非常に開放的であると言えます。日本は福音に対して閉鎖的であると言う者もいますが、アンケート調査によると、人々は非常に関心を持っており、これまで以上に開放的であることが示されています。日本人は非常にダイナミックで信心深い人々です（Stark、2015:135）。日本人の三〇％以上がキリスト教に関心を持っていると言われ、大学生のうち一四％が、宗教を選ぶならキリスト教を選ぶと報告されています（ギャラップ、2001）。「疑い」によって、伝道をすることが非常に妨げられたり、このような機会を大いに活用することも妨げられてしまったりしてはいないでしょうか？

日本のベテラン宣教師コンラッドは、すでに二十年前に、日本において教会成長を妨げている原因はいくつか残っているものの、それらを克服することは可能であると主張しています。また日本の土壌に関するこれらの問題は、「状況を真に理解しているというより、偽りの理解によって悪化している」と述べています（Conrad、1998:123、傍点は引用者）。この本を通して紹介された調査と宣教経験の両方から見られるように、日本の状況にはより良い機会が与えられており、日本人も二十年前に比べると福音に対してより応答するようになってきていると言えます。教会を増殖するという任務には、危険を冒すほどの信仰と、宣教の明確な焦点が必要です。

ある地域では教会が衰退してはいますが、教会を成長させ、再生産するための機会は存在しています。教会の再生産の実地調査が公開されると、日本の多くの人たちは教会の再生産が日本には存在していないとして、現実を否定しました。教会の再生産の事実を信じていても、それはアメリカにおいてのみ起きているという人もいました。これは多くの人々が機会があるという感覚を失ってしまったからでしょうか？　また、ある人は日本の教会の健全さについて非難しますが、教会において変化が必要な分野は他にも多くあります（第2章）。健康な教会になることは本当に可能でしょうか？　それは難しすぎるという人もいますが、私たちみなが目指すべき健全さを具体化している様々な教会の例からもわかるように、日本の文化の中にも機会は存在しています。家族全体やある特定の人たちに届いている教会が存在していることを見てきたように、日本の文化は現実的に手の届かないものではありません。福音を文化に浸透させることは可能でしょうか？　日本という土壌は福音に応答し、教会が成長するために肥沃でしょうか？

種を蒔く人のたとえ（マタイ13章1～23節）にあるように、多くの日本人の心は硬い土壌のようで、蒔かれた福音の真理の種を悪魔が奪い去っていきます。日本には岩地も存在し、困難や迫害が起こるとすぐにつまずいてしまうことも見てきました。さらに言えば、日本には物質主義と集団への服従といういばらがみことばをふさぎ、福音の実を実らせていません。しかし、日本には良い地も存在し、成長と増殖が見られ、三十倍、六十倍、そして百倍の実を結んでいます。一般的に見ると、しばしば日本は福音には応答していないように考えられています。しかしこれまで見てきたように、日本人が福音に応答し、種を蒔き、教会を増殖しているのです。このような機会を予測して待ち望むことが難しいのも確かです。

学ぶべきことは言うまでもなく明らかです。私たちは日本で、よりふんだんに福音の種を蒔かなければなりません。未信者に対して福音がほとんど語られていない、と多くの人が述べています。大宣教命令の優先事項はイエスが私たちのためにしてくださったことをすべての人々に述べ伝える証人となる（使徒1章8節、ルカ24章46～48節）ことなので、さらに多くの福音の種蒔きがなされる必要があるのです。

また、福音の種はより巧みに蒔かれる必要があります。日本という土壌を考える時に、日本の文脈において福音の本質を妥協することなく、福音を巧みに伝えるように、私たちは召されています。日本人の求める心に貴重な真理を届けるためにも、福音の約束を文脈化して伝えることができるように習得する必要があります。私たちは蒔かれる種のエキスパートになるのと同様に、土壌学のスペシャリストになる必要もあります。福音の種を蒔く者として、聞く人たちと信頼関係を結ぶために、語るメッセージとともに自分自身を受肉化し、土着化しなければなりません。私たちはみな、福音の恵みをよりよく伝達する者にならなければなりません。

神ご自身が耕すか、日本の硬い土壌を完全に取り換えるまでは、私たちに種を蒔く機会が与えられており、一致団結して忠実に続けることで、そのうちにもたらされる収穫のために整えられるのです。「神の協力者」としての任務は、種を蒔き、水を注ぎ、神が成長させてくださるのを待つことで全うされるのです（第一１コリント3章5～7節）。準備はすでに整っています。今が働きの時です。これらは単なる責任ではなく、神によって与えられた機会です。福音の種を蒔く時の私たちの役割は何でしょうか？　どのようにして種を蒔く人々を収穫のために備えるべきでしょうか？　私たちは神の収穫の畑で働く、腕の立つ園芸家となっているでしょうか？

重要な問題点と質問

本書を通して、日本の歴史、日本の社会と教会、近代の動向などを考えてきました。日本は多くの文化的、社会的、そして霊的な難問を抱えています。私たちの目的は、宣教で成功し、現状維持と闘い、また新しいやり方で努力するために、与えられている機会、潜在力、そして可能性を理解することです。これまでの章を通して、多くの共通のテーマが現れ、様々な質問が挙げられました。他にも多くのテーマがあるかもしれませんが、以下の八つのテーマを、考慮しなければならない重要な問題点として提示します。

1　福音伝道と伝播

私たちは「行って……弟子としなさい」（マタイ28章19節）という命令を受けています。多くの人は行くことがなく、福音を他の人に宣べ伝えていません。私たちの受けた任務の中心は弟子をつくることであって、それ以外の何ものでもありません。成長しているすべてのムーブメントはメッセージを伝えることを強調しています。どれだけ豊かに福音の種が蒔かれているのでしょうか？　どのようにして、さらに多くの信徒たちに信仰を他の人々に伝えるように励ますことができるでしょうか？

2　整える者としてのリーダーの役割

単純に「聖徒たちを整えて奉仕の働きをさせ」（エペソ4章12節）ます。このテーマは教会を再生産していたニコライやリーダーたちに明確に見られます。リーダーの役割は群れを守るだけでなく、励ましや権限委譲によって指導することでもあります。コーチングを用いることは一つの可能な方法だと言えます。他の人を整えることができるように、どれだけの人を整えていますか？

3　信徒の動員

「キリスト教の歴史上のあらゆる霊的な目覚めは、必ず何らかの方法でこの革命的な特徴を再発見しています」（Sweet、2000：9）。再生産する教会、成長している教団教派、カルト宗教や新宗教でさえも、宣教のために信徒を動員しています。信徒たちのための伝道、弟子訓練、そしてリーダー育成の実践的な訓練が切実に求められています。教会員のうち何％の人が、すでに宣教の働きに動員されていますか？　どのようにして、この任務のために総動員することができるでしょうか？

4　小グループの成長

日本は非常に関係を大事にする集合的な文化です。成長しているムーブメントは人間関係、牧会ケア、伝道、弟子訓練のために複数の小グループを有しています。家の教会などの小さめの教会は、より始めやすくなっています。小グループは、小さな共同体と、大人数で集まるセレブレーション集会の特色を併せ持つセルチャーチとして一緒に行うことが、鳥の二つの翼のように効果的であると言えます。小グループの働きを励まし、支えていますか？

5　増殖ムーブメントを目標とする

教会を増殖するムーブメントに向けて努力しなければなりません。ムーブメントは可能であり、ムーブメントを発展させることを学ぶことはできます。教会のサイズは重要ではなく、あらゆるサイズの教会が必要であり、あらゆるタイプの教会が必要です。ムーブメントの考えを発展させるために、どのようにしてリーダーたちや教会員に刺激を与えることができるでしょうか?

6 文化と関わる

教会は日本ために福音を文脈化する必要があり、それによって日本の土壌において容易に再生産できる土着のキリスト教の形態を発展させることができます。聞く人が自分の言葉で福音を理解して、救われることができるように、「すべての人に、すべてのものとな」る(第一コリント9章22節)ためには、教会のそれぞれの部分はどのように貢献することができるでしょうか? VIPクラブが台頭している一つの理由は、一九九〇年代の荒れ狂う景気の中で「会社」との関係が激変したビジネスマンたちの必要を満たした、時宜を得た方法にありました。霊的、社会的、また他の日本人の必要に、どのように取り組むことができますか? 家族全体に、どのようにして届くことができるでしょうか?

7 教会の刷新

教会が存在する場所では、キリストのからだとしての教会の刷新と、宣教のための派遣が必要とされます。健康で再生産する多くの教会から何を学ぶことができますか？　教会に刷新をもたらすための最善の方法は何ですか？

8　祈りのムーブメントを起こす

すべての霊的ムーブメントの背後には、祈りのムーブメントが存在していました。日本人と日本という国を宣教的な打開へと導く祈りのムーブメントを、どのようにして奨励することができるでしょうか？「だから、収穫の主に、収穫のために働き手を送ってくださるように祈り」求める（マタイ9章38節）ように命令されています。日本のために、実際どれだけ祈っていますか？

神はこれらの八つのテーマにおいて働いておられ、これからも働き続けます。共通の目標と目的をもって他のグループの信徒たちと共に働く機会をさらに求め続けるべきです。ネットワークを築き、互いに提携しあうことによって、さらに多くの教会を求めるビジョンを掲げ、教会や開拓者たちのための共同の訓練と支援システムを構築することができます。

ここに挙げられたテーマを適用した例として、塩釜聖書バプテスト教会の大友幸一牧師を紹介します。大友牧師は神からのビジョンを受け、信徒たちを動員し備える戦略を発展させ、家の教会を用いて、宮城県全体を網羅するネットワークを築きました。大友牧師はこの戦略案を牧会学博士号の論文に取り入れ、二〇一一年一月に論文を書き終えました（大友、2011）。その二か月後に東日本大震災が起こり、それ以来自分の宣教論が適用されて、宮城宣教ネットワークにおいてビジョンが成就されていくのを体験しています。

応答が遅いことをただ嘆くことはできますが、障害を取り除き、伝道と教会の再生産を妨げているものを止めなければなりません。伝統だけに基づいた非効果的なモデルは、教会の成長のために捨て去る必要もあります。本書で見てきたように、教会がただ人を引き付けるだけのような伝道方法や教役者中心のリーダーシップから離れていく時に、教会は成長しています。福音の種を豊富に蒔き、整える者としてのリーダーたちとなり、信徒たちを重要な働きをさせることに熱心に取り組むことが行われていない現状維持というやり方に対して格闘しなければなりません。このようなことが起こらないために、何をすべきでしょうか？このような障害や妨害を、どのように取り除くことができるのでしょうか？

日本で福音への応答が遅い原因として、日本の政府による迫害や抑制の時代があったことを支持する人もいます（Lienemann-Perrin, 2015）。これは「キリスト教の世紀」と組織的な迫害によるキリスト教の衰退を歴史的に見ると、真実だと言えます。これはまた、明治時代に体験していた困難をいくらか説明することもできます。しかし、この説明はこれまでの戦後七十年間存在している信教の自由という環境には当てはまりません。今日、国家主義が再来したり、法による宗教の自由が政府によって変えられたりした結果、伝道や教会開拓が制限される可能性への懸念もあります。しかし、迫害の恐れやこのような疑いなどによって、日本における神のご計画と共に前進することが妨げられてはならないのです。

神ご自身が教会増殖のムーブメントを起こしてくださいます。それは神の御心だからです。日本の文化や社会が神の王権に抵抗することはできません。ムーブメントは起こり得ます。イエスは、「それは人にはできないことです。しかし、神は違います。神にはどんなことでもできるのです。」（マルコ10章27節）と言われました。日本における神のご栄光のために、それは必ず起こります。私たちのために神が次になさるステップは何でしょうか？

教会内の多くの変化や、キリストを信じる者たちが宣教を生活を通して実践することを話してきました。これからも引き続き大きなチャレンジとなる問題もあります。そのために、まず第一に、新しい考えやパラダイムシフトを経験する必要があります。皆に愛されている伝統をいくつか捨て去る必要もあります。

そのような例として、五十年以上の歴史を持ちながらも、教会員六人（うち四人が女性）というある教会の日本人の牧師が挙げられます。この牧師は、別のある国で、同じ教団で効果的に増殖するハウスチャーチのムーブメントを起こしていることを聞きました。この働きを学ぶために、牧師は短期宣教旅行に出かけました。帰国後二年のうちに、それぞれが六～一二人のメンバーを持つ一五のハウスチャーチを始めました。結果を見ると非常に驚くべき変化です。この牧師は教会と共に変化を経験しました。

変化は時に恐れを生じさせます。この牧師の場合も、他の牧師たちはこの働きに対して嫌悪感を表しました。それは絶対不可欠な教会の伝統を、この牧師が受け入れていないと感じたからでした。このような変化によって、この牧師は引き続き神をほめたたえていますか？　それとも、自分の牧師の仲間からの支持を選択して妥協するべきでしょうか？　多くの人たちは、他の教会や牧師たちが支持する共通のパターンに逆らって泳ぐことを学ばなければならないのです。私たちは、福音と教会に対するサタンの攻撃に対する霊的戦いを続けています。日本の文化そのものの中に、この対立を見出す場合もあります。神の弟子として忠実に神に従う準備がなされている必要があります。効果的なリーダーたちは、方向性を示し、変化をもたらす仲介者となり、はっきりと主張していくのです（Nanus, 1992 : 12–14 参照 Kouzes and Posner, 1995）。

夢とビジョン

教会増殖の願いをかなえるために、多くの新しい夢とビジョンが必要です。現状維持や「通常の業務」などに対抗することは、日本の固く守られてきた調和を乱すことになります。この過程において、あらゆる角度からの反対や妨害を覚悟するべきです。

教会増殖の発展を見るためには、終わらせなくてはならない態度や傾向があり、新しく始められなければならない他のものがあります。このような変化は、多くの人々の優先事項、予定、予算などを設定し直します。

すでに確立した教会は衰退し、さらに多くの資金を必要としているので、長年のリーダーたちからの反対を受けることも予想されます。苦闘している教会を失わないようにするという願いから、将来新しい教会の開拓に従事できるような神学生がほとんどいないという懸念もあります。日本で最も大きな神学校の一つで教鞭をとる教授が最近話してくれたことは、最近の神学生たちに教会開拓について興味があるかと聞いたところ、誰も興味を示さなかったとのことでした。退職していく牧師たちの跡を継ぐ若い牧師たちの必要性、日本中で教会開拓をすることへの大きなビジョンの欠如、「教区における牧会」を維持することに焦点を当てた正規の神学訓練、組織としての教会を保とうとする風潮が存在するため、神からの特別なビジョンを受けた者だけが教会開拓へと動かされていくことしか期待できないのが現実です。

日本では教会内の心配事、エネルギー、そして焦点を徹底的に反転させる必要があります。迷い出た羊のたとえでは、羊が百匹にいたのに一匹が足りなかったので、羊飼いが探しに出て行き、見つけて、迷い出た羊を大喜びでかついで帰ってきます（ルカ15章4〜7節）。このたとえ話は、私たち一人ひとりへの神の大きな愛と、私たち失われた者が見つかるようにと願う神の心を教えています。九九％の安全な者と、一％の失われた者が存在します。神はこの一％を気遣っておられるのです。

日本の教会においては、このたとえ話は全く反対に伝えられるかもしれません。およそ一％のみがイエスを知っていて、クリスチャンの群れの中で安全にしている中で、残りの九九％が失われているのです。多くの日本の教会は内向きで、クリスチャンの群れに焦点を置き、「一％ビジョン」だけを持っています。九九％の日本人がまだ迷い出ているのに、自分たちの羊を保護し、教会を守ることが主な関心事になっています。羊の群れの中の人々を無視することなく、勇敢に危険を冒す信仰をもって、「九九％ビジョン」を掲げ、羊の群れの外にいる人々のために働くことに集中するべきです。

これまで多くの人に九九％の未信者のための夢を抱いてくださいとお願いしてきました。この人たちはどうやって日本人の口から福音を聞くことができるでしょうか？　それによって新しく生まれた信徒たちが、どのようにしてクリスチャンの集まりとなっていけるのでしょうか？　どのようにしてこれらの人々が成長し、さらに多くの人々のためにさらに多くの教会を開拓していけるのでしょうか？　どのようにして日本のクリスチャン人口が二％、五％、そして一〇％へと成長していけるのでしょうか？　あなたのビジョンは一％のためですか、それとも九九％の福音を必要としている人たちのためですか？

教会の中で誰かが夢を描かなければなりません。何かが起こる時には、夢があります。何か大きなことが起こる時には、大きな夢があります。成長しようとしている教会は、すべての人々のために大きな夢を描く画家のようです。その夢は、平凡なことから目を見上げさせ、向かって励むことができる目標、一人ひとりが励むことができる目標を与えます(Greenleaf, 2002：101)。

拡大している日本人リーダーたちのあるグループは、すべての日本人に一つの教会をという夢を描き始めています。日本全体に教会を開拓し、増殖するムーブメントを求めて成長している勢いがあります。これらの多くのビジョンを持ったリーダーたちは、二〇一四年十月に六五人の参加者で開かれた「第1回教会増殖ビジョンフェスタ」に集結しました。二〇一五年の十月には、参加者は一八〇人にまで急増しました。二〇一六年九月に開かれた「第6回日本伝道会議」には一五〇人が集まり、ともに夢を描き続けることに賛同しました。二〇一七年のビジョンフェスタには東北地方で九〇人のリーダーたちが集まりました。この夢を見る勢いが、二〇二三年に東海地方で開かれる「第7回日本伝道会議」まで引き続き大きくなることを心より願っています。

本書では、日本で過去に起きたことが再び起こり得ることの概要を紹介しました。感染的に伝わりやすい伝道は、自然な関係から次の関係へと移っていきます。信仰に関心を持つ人々は、キリストに引き寄せられていきます。リーダーや牧師たちは、これらの新しい信徒たちを礼拝と祈りのために集め、弟子訓練をし、さらに多くの人たちに伝道するために送り出します。

それぞれの地域に福音を浸透させ、日本全体に福音を届けることを話し合う際に、日本全国で住民にサービスを提供している郵便局全支店の数と同数の教会が必要であると主張する人々がいます。またある人々は、日本に住む者すべてにサービスを提供しようとして店を設置している、日本に五万ほどあるコンビニエンスストアと同数の教会が必要だと言っています。世界的な宣教学者たちは、実践的な目標として二五〇〇人に対して一つの教会が必要だとしています。現在の日本の人口を考えると、日本には少なくとも五万の教会が必要になります。「五万」という数は何度か出てきましたが、マジックナンバーであるとは考えません。「五万の教会」は日本全国に教会を増殖する取り組みを進めるための大まかな数字として用いられています。この取り組みは広範囲の伝道ムーブメントで、日本を教会で満たす目標にエネルギーが注がれることに継続的に焦点を当てていくものです。

日本には五万の教会が確かに必要ですが、現在の人材でこの任務をこなすことはきわめて困難です。五万人の教会開拓者を準備する必要だけでも、多くの実践的な問題を生じさせます。その開拓者たちを整え支えていく、何千人ものコーチやトレーナーたちが必然的に伴うことは言うまでもありません。でも、ホーリネス教会の開始時のように、ある者たちは同じようなチャレンジを受けながらも、果敢で危険をいとわない信仰と創造的な革新性をもって挑みました。さらに、目標をただ達成するためだけではなく、定められた目標を超えていくように自分たちを支えるビジョンを抱き続けました。

あるリーダーたちは、日本のクリスチャンたちが大きな社会的な影響与えていく夢を見続けています。長く続いているクリスチャン人口一％の壁が壊され、少なくとも二％のクリスチャン人口になる夢を見続けています。もし五万の教会が開拓されたなら、平均教会員数が五〇人として、二％を超え、明らかな社会的影響を及ぼすことができます。

一九七〇年代の初期のフィリピンには、福音的な教会は約五千のみでした。その時、主要な福音派の様々なグループからの何人かのリーダーたちが、自分たちの国のあらゆる地域や村に教会を開拓する夢を共に見始めました。あらゆる地域に福音が伝えられ、教会が開拓されるように、ビジョン、祈り、訓練、コーチング、調査、動員、そしてリーダーシップのためにネットワークを共に築きました。これらのリーダーたちは戦略パートナーとして伝道、弟子訓練、そして教会開拓の訓練のために共に懸命な努力をしました。五万の教会の開拓を目標としたこのDAWN（国全体の弟子化）ビジョンは実現され、二十年と設定された達成期限の前にすでに目標を超えました。同じように、グローバル・チャーチ・プランティング・ネットワーク（GCPN）によって多くの国の他のリーダーたちがこれと同様の国家規模の教会開拓の取り組みについて話し始めました。それには台湾、モンゴル、韓国、中国、マカオ、そして日本などの東アジアの国々が含まれています。

日本でもこのような夢を描き始めたリーダーたちが何人もいます。神をたたえるような国家規模の教会開拓の目標は、どのようなものでしょうか？　どのようにして信仰によりそれを達成することができるでしょうか？　その成就のために、どのようなことを見る必要がありますか？　これらのビジョンを持ったリーダーたちのように、この時点では教会の弱い点から目を背け、増殖のムーブメントのための可能性に目を向ける必要があります。第4章では、いくつかの傾向やネットワークを見てきました。今日、非常に心強いことに、教会開拓ムーブメントに興味を持つ様々なネットワークやミニストリーの間で意見の一致が見られます。これらすべてのグループは教会増殖ビジョンフェスタにおいて、協力し合い、ネットワークを築いています。

国家規模の取り組みができるまで、自分たちの召しに忠実に従い、機会を最大限活用し、そして開かれた門は積極的にくぐっていく必要があります。私たちには今まさにその好機がやって来ています。教会と地域のビジョンを抱き続けながらも、信徒たちを影響のために動員し、できることなら、いつでもどこでも最大限の力を尽くすようにするべきです。大都市のある日本人牧師が大きな夢を抱きました。教会が七つ存在する自分の町に福音を浸透させるためには実際には一〇〇の教会が必要だと知り、まず四つの教会を開拓し、現在近隣の町も伝道の対象にしています。他の教会ともネットワークを築いて共に働き、さらに多くの教会開拓を見ようとしています。

このような夢の実現のために、目の前に置かれた日本での働きにさらに明確さをもたらす必要があります。ここからさらに大切な質問が現れます。どのようにして基本に立ち返り、宣教の働きに磨きをかけて、必ずしも建物や、プログラム、また聖職者にも基づかない、本質的な核心にまで到着することができるでしょうか？　どの教会のモデルや模範例から、何を学ぶことができますか？　革新的で、また効果的な働きをしており、謙遜にも他の人たちがその宣教について学べる場所を提供しているような教会はどこにあるでしょうか？

結論

多くの機会があり、同時に実際に対処すべき問題も多数あり、神から与えられた成就すべき夢とビジョンがあります。日本人は世界でも二番目に福音が伝えられていない民族グループです。牧師であれ、信徒奉仕者であれ、宣教師であれ、日本が神の民の共同体で満たされるために、熱心にささげられた祈り、賢明な調査、そして多くの草分け的な教会開拓の取り組みが求められています。

教会の歴史と過去の宣教の成果を振り返り、見てきました。教会の内向きの事情を考慮し、どのような変化が必要かを検討してきました。教会を外向きに考察し、日本の文化と社会を熟考してきました。何よりも大切なのは、信仰と信頼をもって神を見上げる必要があることを理解しました。日本は福音が大胆に語られることを阻止しようとする霊的戦いのただ中にあり（エペソ6章19〜20節）、不信者の思いがくらまされ（第二コリント4章4節）、それにより人々の心が硬い土壌になり、悪魔の策略により教会が混乱し、誤った方向に向かっています（エペソ6章11節）。ですから私たちは立ち上がり、神のすべての武具を身に着けることが求められています。私たちの霊的な戦いのすべては、祈りの力によって倍増されます。

この働きは人間の知恵、努力、技能によるものではなく、霊的な神の力に基づくものです。悔い改めの心と、ビジョンと宣教の働きの実践を、さらに神に委ねる信仰とを育てなければなりません。

本書は、教会成長の数値にただ魅せられるようなものではありません。むしろ、日本人が暗闇から解放され、個人と社会の変革が見られるために何かをし、それによって神に栄光をささげることを願って書きました。日本の土壌に教会を増殖することが神の望みであることを、改めて理解する必要があります。私たちのビジョンは、日本が唯一の真の神を礼拝する者たちの共同体で満たされることです。そして神の御国が来て、日本の至るところで神の統治と支配を見ることを願っています。神の教会のビジョン、すなわち神の民が完全に一致し、互いに愛し合い、共同体として交わりを持ち、言葉と行いによってこの世に仕えているビジョンを見ています。福音の力が、人々の人生、地域社会と教会、日本、そして世界中を変革するのを見たいと願っています。神は人々を送り出す神なので、これらはすべて栄光ある神の御心であると言えます。

私たちはまた、未来に目を向ける必要があります。神が日本でなさること、またはなさらないことを予測しようとしているのではありません。神の民と神の教会への約束に自信があるだけです。アドニラム・ジャドソンはビルマ（現・ミャンマー）への初期のバプテスト派の宣教師でした。当時ビルマは福音に対し非常に硬い土壌でしたが、彼には「見通しは神の約束と同じぐらい明るい」という非常に励ましとなる言葉がありました。私たちは神のみに頼り、神が望まれること、神のみがなされることのみを頼る必要があります。「『権力によらず、能力によらず、わたしの霊によって』と万軍の主は言われる」（ゼカリヤ4章6節）。神のいつくしみが日本の上に大きくあり、神の福音が日本を走り抜け、日本の土壌において教会を増殖させることによって、だれにも数えきれぬほどの大ぜいの会衆となる多くの人々の上に、神の御霊の風が吹きますように。

あなたはこれからの数日間、数か月間、数年間に、日本の土壌において教会をさらに増殖させるために、何をしますか？

あとがき

本書は、日本での教会開拓の第一線での多くの宣教経験、個人的な談話、トレーニングの場などによる産物だと言えます。共にこの旅をしてきた人々に感謝いたします。これまでずっと協力してくださった日本バプテスト教会連合、教会インフォメーションサービス（ＣＩＳ）、そして日本福音宣教師団（ＪＥＭＡ）にも感謝の気持ちとお礼を申し上げます。これまでの間、コーチやメンターとして多くの恩恵を与えてくださった多くの人々、特にSteve Childers氏、Stu Batstone氏、そしてCraig Ott氏にも深く感謝いたします。

信仰をもって日本の地で教会増殖に携わってきた皆さんにも、心より敬意を表します。チャーチ・プランティング・インスティテュート（ＣＰＩ）ムーブメントと参加者のコミュニティが、この本に書かれていることの発端だと言えます。青柳聖真氏、Gary Fujino氏、Jay Greer氏、Pat Hansen氏、Dan Iverson氏、森章氏、Andy Rodriguez氏、Seita坂口氏、Jeremy Sink氏、Dave Walker氏、Charlie Williams氏、Bruce Young氏に特別な感謝を申し上げます。これらのＣＰＩのリーダーシップに仕えておられる方々は、私のビジョン、心、リーダーシップ、宣教に大きな影響を与えてくださいました。

千田次郎氏、福田真理氏、福田充男氏、播義也氏、花薗征夫氏、川崎廣氏、大橋秀夫氏、高澤健氏、津倉茂氏などの多くの日本人の指導者たちは、特にこの本を書くことに関して、大きな励ましを与えてくださいました。教会増殖ビジョンフェスタに参加している指導者の方々や、ＪＣＥ６教会増殖チームにも感謝いたします。

Laurence Hiebert 氏、John Houlette 氏、Patric Knaak 氏、David Lewis 氏、Don Schaeffer 氏、Rick Shenk 氏、Nathan Snow 氏、Carlton Walker 氏、渡辺信夫牧師などの多くの友人たちや同僚たちも草稿の見直しをし、意見、考察、批評を与えてくださいました。

何よりも私の親愛なる妻 Elaine が励まし、忍耐、実際の支援で見守り続けてくれたことには感謝しきれません。Tim と Beth さんも神様の召しを求め続ける旅を共にしてくださり感謝いたします。

福音があらゆる国々に伝えられるための開拓宣教ビジョンを掲げ、実践的な働きをしている William Carey Library、そして特に日本に対する情熱とこのプロジェクトへの献身と技術を惜しみなく提供してくださった Joelle Bridges さんにも心よりお礼申し上げます。

あとがき

英語原本 *Multiplying Churches in Japanese Soil*（日本の地における教会増殖）は、私の日本人と宣教師の友人たちが刺激を与え、意欲をかき立ててくれたことによって生まれたものです。この同じ友人たちが、この本を日本語に翻訳し、出版して、さらに幅広い読者を祝福することができると励ましてくださいました。このような友人たちがいなければ、このプロジェクトは決して起きることはなかったと言えます。

この夢の実現をかなえてくださった長年の友人たちにも特別な感謝を送ります。まず、松平善宏氏（マッペさん）は、独自のスキルを生かし、一生懸命、疲れを知らずにこの本を翻訳してくださいました。日本人と母国に対する彼の情熱と熱意は、翻訳プロジェクトの間、決して絶えることはありませんでした。津倉茂氏が英語版原稿の推敲を助けてくださっただけでなく、さらに素晴らしい技術と助言によって翻訳の編集をしてくださったことにも心から感謝いたします。最後になりましたが、いのちのことば社のスタッフの方々、特に根田祥一氏が、この本の出版に際して情熱と労苦を注いでくださったことに感謝を申し上げます。

二〇一九年　十月

ジョン・メイン

〈日本語文献〉

クリスチャン新聞「日本宣教マップ」『クリスチャン新聞』2016. 3. 30.
ケネス・J・デール『日本文化のただなかに生きて』ルーテル・ブックレット・プレス、1996.
エリヤ会出版委員会『エリヤのように――私は変わる　あなたも変わる　日本が変わる』エリヤ会出版委員会、2009.
福田充男（編著）「日本における開拓伝道について：ヘッセルグレーブ博士へのインだビュー」『宣教学リーディングス　日本文化とキリスト教』RACネットワーク 2002. 172-178.
後藤牧人『日本宣教論』イーグレプ、2011.
泉田　明「大きな教会ではなく多くの教会」『開拓伝道者への贈り物』1998、国内伝道会（KDK）7-13.
第6回日本伝道会議『データブック　日本宣教のこれからが見えてくる』いのちのことば社、2016.
日本宣教研究所（JMR）『JMR調査リポート（2014年度）』東京基督大学国際宣教センター：日本宣教リサーチ、2014.

川崎　寛「ネットワークによる教会増殖」『日本伝道』教会成長 JEMA CPI, 2002, 1:20–25.
国内開拓伝道会（編著）『開拓伝道者への贈り物』国内開拓伝道会、1998.
岸田　馨「日本宣教の戦略について」『日本、アジアそして世界へ』第3回日本伝道会議記録委員会、1992, 43–48.
マーク・R・マリンズ、高崎恵（訳）『メイド・イン・ジャパンのキリスト教』トランスビュー、2005.
大橋秀夫『教会成長読本』いのちのことば社、2007.
大友幸一『宮城県内の教会増殖の提言――信徒主体の「家の教会」による開拓伝道』学位論文、2011.
大友幸一『東日本大震災と教会増殖――被災地で福音の花を開かせたネットワーク』アジアンアクセス・ジャパン、2016.
大友幸一、柴田初男、ヒューレット・えり子、『「震災の信仰調査」報告書』東京基督大学国際宣教センター：日本宣教リサーチ、2016.
大川修平『聖書的リーダーシップと日本文化』マルコーシュ・パブリケーション、2002.
研究会Fグループ『日本ではなぜ福音宣教が実を結ばなかったか』いのちのことば社、2012.

西大寺キリスト教会長老会『福音に仕える教会』いのちのことば社、1997.
シュヴァルツ・クリスチャン、浜崎英一・丹羽顕（訳）『自然に成長する教会　健康な教会への８つの不可欠な特質』ＪＣＭＮ出版、1999.
ワグナー・ピーター『教会成長のかぎ』聖書図書刊行会、1978.
同、増田誉雄（訳）『教会を成長させるリーダーシップ』いのちのことば社、1986.
山森鉄直、有賀喜一（訳）『日本の教会成長』いのちのことば社、1985.

〈英語文献〉

Addison, Steve. 2015. *Pioneering Movements: Leadership That Multiplies Disciples and Churches*. Downers Grove, IL: Intervarsity Press.

Allison, Gregg. 2012. *Sojourners and Strangers: The Doctrine of the Church. Foundations of Evangelical Theology*. Wheaton, IL: Crossway.

Anderson, Allan Heaton. 2013. *An Introduction to Pentecostalism*. 2nd edition. New York, NY: Cambridge University Press.

Barna, George, ed. 1997. "The Vision Thing." *In Leaders on Leadership, 47–60*. Ventura, CA: Regal Books.

Beilby, James K. and Paul Rhodes Eddy, eds. 2012. *Understanding Spiritual Warfare: Four Views*. Grand Rapids, MI: Baker Academic.

Bosch, David J. 1991. *Transforming Mission: Paradigm Shifts in Theology of Mission*. Maryknoll, NY: Orbis Books.

Braun, Neil. 1971. *Laity Mobilized: Reflections on Church Growth in Japan and Other Lands*. Grand Rapids, MI: Eerdmans.

Bryant, David. 1995. *The Hope at Hand: National and World Revival for the Twenty–First Century*. Grand Rapids, MI: Baker Books.

Callahan, Kennon L. 1997. *Effective Church Leadership: Building on the Twelve Keys*. San Francisco, CA: Jossey–Bass Publishers.

Chan, Darius K. S., Michele J. Gelfand, Harry Triandis, and Oliver Tzeng. 1996. "Tightness–looseness Revisited:

Some Preliminary Analyses in Japan and the United States." *International Journal of Psychology* 31:1–12.

Chizuo, Shibata. 1985. "Some Problematic Aspects of Japanese Ancestor Worship." In Bong Rin Ro ed. *Christian Alternatives to Ancestor Practices, edited by Bong Rin Ro, 247–60*. Taichung, Taiwan: Asia Theological Association.

Church Information Service (CIS). 2013. "The Protestant Church in Japan in 2012." *Church Information Service News* 75 (December): 4–5.

Conn, Harvey. 1984. *Eternal Word and Changing Worlds*. Phillipsburg, NJ: P & R Publishing.

Conrad, Stan. 1998. "Encountering Japanese Resistance." In *Reaching the Resistant: Barriers and Bridges for Mission, edited by J. Dudley Woodberry, 117–31*. EMS 6. Pasadena, CA: William Carey Library.

Cozens, Simon. 2010. *Leadership in Japanese House Churches*. Gloucester, UK: Wide Margin Books.

Dale, Kenneth J. 1975. *Circle of Harmony: A Case Study in Popular Buddhism with Implications for Christian Mission*. Pasadena, CA: William Carey Library.

Drummond, Richard Henry. 1971. *A History of Christianity in Japan*. Grand Rapids, MI: Wm. B. Eerdmans Publishing Co.

Dyer, Stanley R. 2013. *Communication in Community*. Bellville, ON: Guardian Books.

Earhart, H. Byron. 2004. *Japanese Religion: Unity and Diversity*. Fourth Edition. Boston, MA: Wadsworth.

__________. 2014. *Religion in Japan: Unity and Diversity*. Fifth Edition. Boston, MA: Wadsworth.

Ellwood, Robert. 2008. *Introducing Japanese Religion*. New York, NY: Routledge.

Fleming, Dean. 2005. *Contextualization in the New Testament: Patterns for Theology and Mission*. Downers Grove,

IL: Intervarsity Press.

Foxwell–Barajas, Alanna. 2012. "Second Chances in Japan: One Year after Disaster, Sacrificial Giving Gains Churches New Credibility." *Christianity Today* 56 (3): 15–17.

Fujino, Gary. 2007. "The House/Cell Church for Mission in Today's Japan." *Japan Harvest* 58 (4): 2–3.

__________. 2009. "House, Cells and Church Planting Movements in Japan Today." *Japan Harvest* 61 (1): 23–24.

Fujisawa, Chikao. 1958. *Concrete Universality of the Japanese Way of Thinking: A New Interpretation of Shintoism*. Tokyo: The Hokuseido Press.

Fukuda, Mitsuo. 1993. *Developing a Contextualized Church: As a Bridge to Christianity in Japan*. Gloucester, UK: Wide Margin Books.

__________. 2000. "A Case Study of the International VIP Club: A Mission Movement Among Japanese Business men." In *Strategies for Christian Witness in a Postmodern World, edited by Russell Sawatsky and Cynthia Dufty*. The Forty–first Hayama Missionary Seminar: Amagi Sanso, Japan. 90–97.

__________. 2001. "Sermon Topics Contextualized for Japan." *Journal of Asian Mission* 3 (1): 141–48.

__________. 2015. "Toward a New Breed of Churches in Japan." In *Becoming the People of God: Creating Christ–centered Communities in Buddhist Asia*, edited by Paul H. de Neui. Seanet Volume 11. Pasadena, CA: William Carey Library.

Furuya, Yasuo. ed. trans. 1997. *A History of Japanese Theology*. Grand Rapids, MI: Eerdmans.

__________. 2006. *History of Japan and Christianity*. Ageo–shi, Saitama: Seigakuin University Press.

Gallup Organization. 2001. *Changes in a Changing World: Final Report*. Prepared for Aim International by Gallup

Japan. April 10, 2001. Unpublished Report.

Garon, Sheldon M. 1986. "State and Religion in Imperial Japan, 1912–1945." *Journal of Japanese Studies* 12 (2): 273–302.

Garrison, David V. 2004. *Church Planting Movements: How God is Redeeming a Lost World*. Midlothian, VA: WIG Take Resources.

Gibbs, Eddie. 2005. *Leadership Next: Changing Leaders in a Changing Culture*. Downers Grove, IL: InterVarsity Press.

Global Church Advancement. 2007. *GCA Church Planter Basic Training Manua*l. Altamonte Springs, FL.

Greenleaf, Robert K. 2002. *Servant Leadership: A Journey into the Nature of Legitimate Power and Greatness*. Mahwah, NJ: Paulist Press.

Guthrie, Stan. 1995. "Mavericks in Japan Bucking for Change." *World Pulse* 30 (11): 1.

Hardacre, Helen. 1986. *Kurozumikyo and the New Religions of Japan*. Princeton, NJ: Princeton University Press.

Hari, Yoshiya. 2017. "Rising from the Rubble: How God Used Disaster to Raise Up a New Leadership Generation." In *Eastern Voices: Volume 1: Insight, Perspective, and Vision from Kingdom Leaders in Asia In Their Own Words, 37–60*. Cerritos, CA: Asian Access.

Helms, Marilyn M. 2003. "Japanese Managers: Their Candid Views on Entrepreneurship." *Competitiveness Review* 13 (1): 24–34.

Hesselgrave, David J. 1978a. "Nichren Shoushuu Soka Gakkai: The Lotus Blossoms in Modern Japan." In *Dynamic Religious Movements: Case Studies of Rapidly Growing Religious Movements around the World*, edited by David

J. Hesselgrave, 129–48. Grand Rapids, MI: Baker Book House.

_________. 1978b. “What Causes Religious Movements to Grow?” In *Dynamic Religious Movements: Case Studies of Rapidly Growing Religious Movements Around the World, edited by David J. Hesselgrave*, 297–326. Grand Rapids, MI: Baker Book House.

_________. 2005. *Paradigms in Conflict: 10 Key Questions in Christian Missions Today*. Grand Rapids, MI: Kregel Publications.

Hiebert, Paul G. 1982. “The Flaw of the Excluded Middle.” *Missiology: An International Review 10*. (January 1982), 35–47.

Hiebert, Laurence D. 2012. “Employing Varied Japanese Cultural Forms to Illustrate Biblical Truths.” D.Min. major project, Trinity International University.

Hofstede, Geert. 1984. *Culture’s Consequences: International Differences in Work–related Values*. Abridged ed. Vol. 5, Cross–cultural Research and Methodology series. Newbury Park, CA: Sage Publications.

____________. 1997. *Cultures and Organizations: Software of the Mind*. New York, NY: McGraw Hill.

House, Robert J., Paul J. Hanges, Mansour Javidan, Peter W. Dorfman, and Vipin Gupta, eds. 2004. *Culture, Leader ship, and Organizations: The GLOBE Study of 62 Societies*. Thousand Oaks, CA: Sage Publications.

Hori, Ichiro. 1968. *Folk Religion in Japan: Continuity and Change*. Chicago: Univ. of Chicago Press.

__________, ed. 1972. *Japanese Religion: A Survey by the Agency for Cultural Affairs*. Tokyo: Kodansha Interna tional Ltd.

Hymes, David. 2016. “Toward a History and Theology of Japanese Pentecostalism.” In *Global Renewal Christianity;*

Spirit–Empowered Movements: Past, Present, and Future. Vol. 1 Asia and Oceana, edited by Vinson Synan and Amos Yong, 158–78. Lake Mary, FL: Charisma House.

Ikegami, Yoshimasa. 2003. "Holiness, Pentecostal, and Charismatic Movements in Modern Japan." In *Handbook on Christianity in Japan, 125–42*. Handbook of Oriental Studies, Section Five, Japan, edited by Mark R. Mullins. Boston: Brill.

Ikubo, Zoe. 2015. *JCMN Coaching Network Summary Report*. Unpublished paper.

Jacobsen, Morris. 1977. *Japanese Church Growth Patterns in the 1970s*. Tokyo: Japan Evangelical Missionary Association.

JEA Church Planting Survey Committee. 1988. *Church Planting Survey: Interim Report*. *JEA Consultation on Evangelism*. Karuizawa, Japan. September 1988. Japan Evangelical Association.

Jennings, J. Nelson. 2003. "Theology in Japan." In *Handbook on Christianity in Japan, 181–203*. Handbook of Oriental Studies, Section Five, Japan, edited by Mark R. Mullins. Boston: Brill.

__________. 2008. "Paul in Japan: A Fresh Reading of Romans and Galatians." In *Power and Identity in the Global Church: Six Contemporary Cases,* edited by Brian M. Howell and Edwin Zehner. Pasadena, CA: William Carey Library.

Joshua Project. 2019. "Unreached Listings: 100 Largest Unreached Peoples." Accessed May 20, 2019. http://joshuaproject.net/listings/Population/desc/100/allctry/allcon/allreg?jps2=5&jps3=5#list.

Keller, Timothy J. 2012. *Center Church: Doing Balanced Gospel–Centered Ministry in Your City*. Grand Rapids, MI: Zondervan.

Kharin, Iiya. 2014. *After Nicolas: Self–realization of the Japanese Orthodox Church, 1912–1956*. Gloucester, UK: Wide Margin.

Kokunai Dendou Kai (KDK). 1986. “1986 Survey of Kokunai Dendou Kai (KDK) Pastors: Summary of Responses having Potential Significance.” Unpublished manuscript.

Kouzes, James M. and Barry Z. Posner. 1995. *The Leadership Challenge: How to Keep Getting Extraordinary Things Done in Organizations*. San Francisco, CA: Jossey–Bass Publishers.

Lausanne Movement. 1993. “Statement on Spiritual Warfare.” http://www.lausanne.org/content/statement/statement–on–spiritual-warfare-1993. Accessed June 25, 2015.

Lee, Robert. 1967. *Stranger in the Land: A Study of the Church in Japan*. World Studies of Churches in Mission. Lon don: Lutterworth Press.

___________, ed. 1995. *The Japanese Emperor System: The Inescapable Missiological Issue*. Tokyo: Tokyo Mission Research Institute.

___________. 1999. *The Clash of Civilizations: An Intrusive Gospel in Japanese Civilization*. Harrisburg, PA: Trinity Press International.

Lewis, David C. 2013. *The Unseen Face of Japan*. 2nd ed. Gloucester, UK: Wide Margin.

Lienemann-Perrin, Christine. 2015. “Christian Mission in Japan’s History: Failure of Success?” *Princeton Theological Review* 18 (1) Accessed June 13, 2016 http://ptr.sga.ptsem.edu.

Macfarlane, Alan. 2007. *Japan through the Looking Glass*. London: Profile Books.

Mathiesen, Gaylan Kent. 2006. *A Theology of Mission: Challenges and Opportunities in Northeast Asia*. Minneapolis,

MN: Lutheran University Press.

Matsumoto, David. 2002. *The New Japan: Debunking Seven Cultural Stereotypes*. Yarmouth, ME: Intercultural Press.

Matsunaga, Kikuo. 1999. "Theological Education in Japan." In *Preparing for Witness in Context: 1998 Cook Theological Seminar, edited by Jean S. Stoner,* 295–311. Louisville: Presbyterian Publishing House.

McFarland, H. Neill. 1967. *The Rush Hour of the Gods: A Study of New Religious Movements in Japan*. New York, NY: Macmillan Co.

McQuilkin, Robertson. 2007. *The Five Smooth Stones: Essential Principles for Biblical Ministry*. Nashville, TN: B & H Publishing.

Mehn, John W. 2007. "Perspective on Church Models." *Japan Harvest* 58 (4): 10–11.

__________. 2010. "Characteristics of Leaders Reproducing Churches in Japan." D.Min. major project, Trinity In ternational University.

__________. 2013. "Leaders Reproducing Churches: Research from Japan." In *Missionary Methods: Research, Reflections, and Realities, edited by Craig Ott and J. D. Payne*. EMS 21. Pasadena, CA: William Carey Library.

__________. 2014. "Apostles to Japan: Ralph Cox and Joseph Meeko." *Japan Harvest* 65 (4): 24–26.

Misumi, Jyuji. 1985. *The Behavioral Science of Leadership. An Interdisciplinary Japanese Research Program, edited by M. F. Peterson*. English ed. Ann Arbor, MI: University of Michigan Press.

Mitani, Yasuto. 2007. "The Church Should React to Needs and Change from an Inward Focus to an Outward Focus." *CIS News* 69, 9. September 2007.

Mitsumori, Haruo. 2002. "The Church in the First Year of the 21st Century." *Church Information Service News* 55: 6.

Miyamoto, Ken Christoph. 2008. “Worship is Nothing but Mission: A Reflection on Some New Opportunities.” In *Mission in the Twenty-First Century: Exploring the Five Marks of Global Mission, edited by Andrew Walls and Cathy Ross, 157–64*. Maryknoll, NY: Orbis Books.

Miyazaki, Kentaro. 2003. “The Kakure Kirishitan Tradition.” In *Handbook on Christianity in Japan*, 19–34. Handbook of Oriental Studies, Section Five, Japan, edited Mark R. Mullins. Boston: Brill.

Montgomery, Jim. 1997. *Then the End Will Come*. Pasadena, CA: William Carey Library.

Moore, Ralph. 2009. *How to Multiply Your Church: The Most Effective Way to Grow*. Ventura, CA: Regal Books.

Moreau, A. Scott. 2005. “Contextualization.” In *The Changing Face of World Missions*, edited by Michael Pocock, Gailyn Van Rheenen and Douglas McConnell, 321–48. Grand Rapids: Baker Academic.

Mullins, Mark R. 1990. “Japanese Pentecostalism and the World of the Dead: A Study of Cultural Adaptation in Iesu no Mitama Kyokai.” *Japanese Journal of Religious Studies*. 17 (4): 353–74.

__________. 1992. “Japan’s New Age and Neo-New Religions: Sociological Implications.” In *Perspectives on the New Age,* edited by James R. Lewis and J. Gordon Melton, 232–46. Albany, NT: SUNY Press.

__________. 2003. “Indigenous Christian Movements.” In *Handbook on Christianity in Japan, 143–62*. Handbook of Oriental Studies, Section Five, Japan, edited by Mark R. Mullins. Boston: Brill.

__________. 2006. “Japanese Christianity.” In *Nanzan Guide to Japanese Religions,* edited by Paul Loren Swanson and Clark Chilson, 115–28. Honolulu, HI: University of Hawaii Press.

Murray, Stuart. 2001. *Church Planting: Laying Foundations*. North American ed. Scottdale, PA: Herald Press.

Naganawa, Mitsuo. 2003. “Archbishop Nikolai Kasatin: A Russian Evangelist in Japan.” In *Saint Nikolai Kasatkin and the Orthodox Mission in Japan,* edited by Michael Van Remortel and Peter Chang, 122–38. San Francisco, CA: Divine Ascent Press.

Nagasawa, Makito. 2002. "Religious Truth: From a Cultural Perspective in the Japanese Context." *Journal of Asian Mission* 4 (1): 43–62.

Nanus, Burt. 1992. *Visionary Leadership: Creating a Compelling Sense of Direction for Your Organization*. San Fran cisco, CA: Jossey-Bass Publishers.

O'Brien, P. T. 1995. *Gospel and Mission in the Writings of Paul: An Exegetical and Theological Analysis*. Grand Rap ids, MI: Baker Books.

OC International Japan. 1993. *Establishing the Church in Japan for the Twenty-First Century: A Study of 18 Growing Japanese Churches*. Kiyose City, Tokyo: OC International Japan.

Ott, Craig. 2015. "Globalization and Contextualization: Reframing the Task of Contextualization in the Twenty-first Century." *Missiology: An International Review* 43 (1): 43–58.

Ott, Craig and Steven J. Strauss. 2010. *Encountering Theology of Mission: Biblical Foundations, Historical Develop ment, and Contemporary Issues*. Grand Rapids, MI: Baker Academic.

Ott, Craig and Gene Wilson. 2011. *Global Church Planting: Biblical Principles and Best Practices for Multiplication*. Grand Rapids, MI: Baker Academic.

Parrish, Scott. 2008. "The State of the Kingdom of God in Japan: An Analysis of the Church Information Service 2007 Annual Report." *Japan Harvest* 60 (1): 17–22.

Payne, Jervis David. 2009. *Discovering Church Planting: An Introduction to the Whats, Whys, and Hows of Global*

Church Planting. Colorado Springs, CO: Paternoster.

Pease, Richard Bruce. 1989. *Japanese Leadership Styles: A Study in Contextualizing Leadership Theory for Church Growth in Japan*. Th.M. thesis., Fuller Theological Seminary.

Peters, George. 1981. *A Theology of Church Growth*. Grand Rapids: Zondervan.

Piper, John. 2010. *Let the Nations be Glad: The Supremacy of God in Missions*. 3rd ed. Grand Rapids, MI: Baker Aca demic.

Prohl, Inken. 2012. "New Religions in Japan: Adaptations and Transformations in Contemporary Society." In *The Handbook of Contemporary Japanese Religion*, edited by Inken Prohl and John K. Nelson, 241–67. Leiden: Nederlands.

Reader, Ian and George J. Tanabe Jr. 1998. *Practically Religious: Worldly Benefits and the Common Religion of Japan*. Honolulu: University of Hawaii Press.

Reid, David. 1991. *New Wine: The Cultural Shaping of Japanese Christianity*. Berkeley, CA: Asian Humanities Press.

Reischauer, Edwin O. 1988 *The Japanese Today: Change and Continuity*. London: The Belknap Press of Harvard Uni versity Press.

Robinson, Haddon. 1999. "Foreword." In *Developing a Vision for Ministry in the 21st Century*, by Aubrey Malphurs. Grand Rapids, MI: Baker Books.

Robinson, Martin, and Stuart Christine. 1992. *Planting Tomorrow's Churches Today: A Comprehensive Handbook*. Kent, UK: Monarch Publications.

Satake, Tokio. 1994. "A Successful Church Planter." In *The Harvester's Handbook: Evangelism and Church Planting in Japan,* edited by Japan Evangelical Missionary Association, 40–42. Tokyo: Japan Evangelical Missionary Association.

Sherrill, Michael John. 2002. "Church Vitality in Japan." PhD diss., Fuller Theological Seminary.

Shimazono, Susumu. 1986. "Conversion Stories and Their Popularization in Japan's New Religions." *Japanese Journal of Religious Studies*. Religion and Society in Contemporary Japan. 13 (2/3): 157–75.

__________. 2003. "New Religions and Christianity." In *Handbook on Christianity in Japan, 277–94*. Handbook of Oriental Studies, Section Five, Japan, edited by Mark R. Mullins. Boston: Brill.

Solheim, Dafinn. 1986. "Church Planting in Japan Since 1945." In *Church Planting Patterns in Japan*. The Twenty-Seventh Hayama Men's Missionary Seminar: Amagi Sanso, Japan, edited by Carl C. Beck, 7–19.

Stamoolis, James J. 1984. "Eastern Orthodox Mission Theology." *IMBR* 8 (3): 59–63.

__________. 1986. *Eastern Orthodox Mission Theology Today*. American Society of Missiology series, no 10. Maryk noll, NY: Orbis Books.

Stark, Rodney. 2015. T*he Triumph of Faith: Why the World is More Religious than Ever.* Wilmington, DE: ISI Books.

Stetzer, Ed. 2012. "Paul and Church Planting." In *Paul's Missionary Methods*, edited by Robert L. Plummer and John Mark Terry. Downers Grove, IL: Intervarsity Press.

Stetzer, Ed and David Im. 2016. *Planting Missional Churches: Your Guide to Starting Churches that Multiply*. 2nd edition. Nashville, TN: B&H Academic.

Sugimoto, Yoshio. 2014. *An Introduction to Japanese Society*. 4th ed. Cambridge University Press.

Sweet, Leonard. 2000. "Foreword." In *Equipping the Saints: Mobilizing Laity for Ministry*, edited by Michael J.

Christensen and Carl E. Savage. Nashville, TN: Abingdon Press.

Toyotome, Masumi. 1985. "To Reach Japan Smaller is Better." *Evangelical Missions Quarterly* 21 (3): 230–37.

Trevor, Hugh. 1993. *Japan's Post-war Protestant Churches*. Unpublished paper.

Tsukii, Hiroshi. 2002. "Toward a Lay-led Evangelism and Pastoring Church Planting Strategy: Our Sojourn in Developing Cell Groups at Hongodai Christ Church." In *Japan Evangelism*. 2002 CPI Conference Special ed. 1:48–49.

Wan, Enoch and Elton S. L. Law. 2014. *The 2011 Triple Disaster in Japan and the Diaspora: Lessons Learned and Ways Forward*. Portland, OR: Institute of Diaspora Studies.

Winter, Ralph D. 1997. "Three Types of Ministry." *Evangelical Missions Quarterly* 33 (4): 420–22.

__________. 2002. "From Mission to Evangelism to Mission." I*nternational Journal of Frontier Missiology.19 (4): 6–8.*

Winter, Ralph D., and Bruce A. Koch. 1999. "Finishing the Task: The Unreached Peoples Challenge." In *Perspectives on the World Christian Movement: A Reader,* edited by Ralph D. Winter and Steven Hawthorne, 509–24. 3rd ed. South Pasadena, CA: William Carey Library.

Wong, Ben. 2010. "Coaching by Focusing on the Essence." *You Can Coach: How to Help Leaders Build Healthy Churches through Coaching*, edited by Joe Comiskey, Sam Scaggs, and Ben Wong, 107–28. Moreno Valley, CA: CCS Publishing.

Yoshimoto, Hiroko, Simon Cozens, Mitsuo Fukuda, Yuji Hara, Atsuko Tateishi, Ken Kanakogi, and Toru Watanabe. 2016. "A Post-3/11 Paradigm for Mission in Japan." *International Journal of Frontier Missiology*. 33 (1):17–21.

Zielenziger, Michael. 2006. *Shutting Out the Sun: How Japan Created Its Own Lost Generation*. New York, NY: Doubleday.

〈注〉

1　日本へのキリスト教の最初の伝播は、五世紀の初めに中国を渡って伝えられた東方教会（ネストリウス派とも呼ばれ、中国では景教と呼ばれた）によるものだと主張する言説も存在する。三世紀から中国全体にわたって宣教の試みが存在していたという有力な証拠も存在する。興味深いが、日本における東方教会（ネストリウス派）の歴史的証拠は状況証拠で、有力証拠ではない。

2　これは控えめな見積もりで、ある見積もりでは七六万人の信者が存在したとされている。

3　宣教と教会開拓の神学に関しての詳細は Ott and Wilson（2011, 3–61）を参照。

4　教会と神の御国の関係に関する詳細は Allison（2012: 89–100）を参照。

5　この本の翻訳時にアイヌ民族を日本国民として含めることに関する議論が日本政府によって行われています。

6　「部落民」（差別用語）と呼ばれた人々に対する厳しい偏見と差別が非常に長い間存在している。差別を受け、社会において不公平な扱いを受けてきた。今後の差別解消のための人権保護の働きが行われている。

7　文脈化は民族固有の文化における「神学する」ことを含む。日本の文化体験に根差したいくつかの神学は内村鑑三、北森嘉蔵、賀川豊彦、小山晃佑、遠藤周作などによって展開されているが、ここで十分に説明するには複雑すぎる話題なので省略する。ジェイ・ネルソン・ジェニイングによる高倉徳太郎の神学に関する論文 Japanese Theology（2003）（英語のみ）、またはさらに深い研究のために古屋安雄他著の『日本神学史』（1997）を参照。

8　この宗教団体は統計値を他の教会とは異なった方法で出している。この数値は信仰を持った人々を示していて、必ずしも定期的な礼拝参加者ではない。原則として、この教会は信者の総数の一％が活動的な教会員（Trevor 1993, 21）。教会は二万三二八三人を公式に活動的な教会員として報告している（マリンズ、1998, 216）。これはアンダーソン氏の見解。

9　この二人の宣教師に関するさらに詳しい説明はメイン 2014, 24-26 ページを参照。

10　信徒たちが教会を開拓することを理解し、支援する最善の方法を模索するためにＣＰＩは調査を試みた。残念ながら徹底的な調査を行うのに十分な応答を得ることができなかった。ここで紹介しているパターンは集められたデータだけを基に要約したもの。

11　日本チャーチ・プランティング・インスティチュート（ＣＰＩ）には英語版と日本語版の教会開拓マニュアルがある。ＪＣＧＩネットワークには日本語版のネットワークによる教会開拓のマニュアルがあり、ある部分は英語に訳されている。他にもいくつか印刷物があり、他の資料も継続的に作られている。

ジョン・メイン

著者ジョン・メインと妻イレインは1985年よりConverge Worldwide（旧Baptist General Conference）の宣教師として日本で奉仕し、日本バプテスト教会連合と協力してきた。ジョンの主な宣教は異文化教会開拓、リーダーシップ養成、教会開拓への準備、霊的刷新のメンタリング。教会開拓ムーブメントのためにリーダー育成を行う日本人と宣教師が集う超教派ネットワークであるJEMAチャーチ・プランティング・インスティテュート（CPI）の議長を1997年より務めている。Trinity International Universityにて宣教学の博士号を取得。

教会増殖

日本という土壌に福音を満たす

2019年 12 月1 日　発行

著　者　ジョン・メイン
訳　者　松平善宏
監　訳　津倉　茂
印刷製本　日本ハイコム株式会社
発　行　いのちのことば社
〒164-0001 東京都中野区中野2-1-5
電話 03-5341-6922（編集）
03-5341-6920（営業）
FAX03-5341-6921
e-mail:support@wlpm.or.jp
http://www.wlpm.or.jp/

ISBN 978-4-264-04091-0